패턴

성 공 을 무 한 반 복 하 는 5 단 계 법 칙

PATTERN

패턴

이유진 지음

유노
북스

원하는 삶을 만드는
패턴의 놀라운 힘

당신과 당신의 목표 사이에 놓인 유일한 것은
당신이 그것을 이룰 수 없다고
스스로에게 계속해서 하는 터무니없는 이야기뿐이다.

조던 벨포트

차가운 콘크리트 바닥이 등에 닿았다. 어둠 속에서 천장을 응시하며 누워 있는 나는 입안에 고인 쓴맛을 삼켰다. 알코올 중독으로 무너진 내 인생이 이제는 바닥을 쳤다는 걸 느꼈다.

"어떻게 여기까지 오게 된 거지….”

텅 빈 고시원에 목소리가 메아리쳤다. 6년 전으로 기억이 거슬러 올랐다.

"180만 원이라…. 받아들이는 수밖에 없겠네요.”

떨리는 손으로 사인하던 그 순간이 떠올랐다. 사무직이라는 말에 속아 근로 계약서에 서명했지만 현실은 달랐다. 매일 아침 마트에서 무거운 상자를 나르는 일이 나를 기다리고 있었다.

"조금만 참자. 이제 시작일 뿐이야."

그렇게 스스로를 다독이며 하루하루를 버텼다. 하지만 현실은 냉혹했다. 보증금도 없어 겨우 고시원에 들어갈 수 있었고, 매일 밤 좁은 방에서 뒤척이며 미래를 걱정했다.

"뭔가 달라져야 해."

결심했다. 신용 카드를 없애고 극단적인 절약 생활을 시작했다. 한 푼 두 푼 모아 1,000만 원을 만들었을 때의 희열을 잊을 수 없다. 하지만 운명은 나를 비웃기라도 하듯 더 큰 시련을 안겨 줬다. 주식 차트를 바라보는 내 눈에는 절망만이 가득했다. 그토록 어렵게 모은 1,000만 원이 순식간에 사라져 버렸다. 그 충격으로 나는 알코올의 늪에 빠져들었다. 매일 밤 소주병을 붙잡고 흐느끼던 3년의 세월. 지금 생각하면 웃을 수 있지만 그때는 죽을 만큼 고통스러웠다. 그렇게 나는 스스로를 포기하려 했다.

사는 대로 생각했던 내 인생. 잘 살고 싶은 마음은 분명 있지만 현실을 바꿔 볼 생각은 감히 하지 못했다. 살던 대로 사는 것이 당연하다는 생각뿐이었다. 아니, 그런 게 당연한지 아닌지 의문조차 없었다. 그저 한 번 태어난 인생 잘 살아 보고 싶었다.

문제는 아무리 결심하고 계획하고 다짐을 해 봐도 따라 주지 않는 실행력이었다. 남들은 그냥 하기만 하면 된다는데 나는 항상 도돌이표처럼 작심삼일을 반복했다. '나는 안되는 인간인 건가?', '이번 생은 망한 건가?'라는 생각이 계속 내 안에 맴돌았다. 누가 뭐라 한 것도 아닌데 나 스스로 '너는 안돼'라고 답을 내리곤 했다.

욕구와 욕망은 있지만 결과는 언제나 비슷했다. 생각은 하지만 몸은 항상 침대에 붙어 있었다. 그렇게 살다가는 남은 나의 삶이 어떻게 펼쳐질지 자명했다. 스스로도 이런 삶이 성공하고 잘된다는 것은 말이 안 된다고 생각했다. 생각처럼 따라 주지 않는 행동이 괴로울 뿐이었다.

항상 결심만 하는 인생은 지옥과 같은 인생이다. 그런 인생은 나를 사랑할 수도, 존중할 수도, 믿을 수도 없다. 이 세상에서 가장 소중히 다뤄야 할 스스로를 신뢰하지 못한다는 것은 엄청난 리스크다. 진심으로 믿는다 해도 원하는 삶을 살까 말까 한 세상이기 때문이다.

'안 되겠다. 생각은 충분히 했으니 대체 어떻게 하면 생각을 행동으로 옮길 수 있는지 그 방법을 찾아보자.'

나의 첫 시작은 그랬다. 무기력, 미루기, 게으름 같은 지긋지긋한 문제를 해결하고 싶었다. 그저 너무 답답한 마음에 스스로 실행에 대해 공부하기 시작했다. 이대로만 살아가면 답이 너무나도 뻔한,

안 봐도 비디오 같은 삶이었기 때문이다. 수많은 시행착오가 있었다. 기본적으로 실행이 잘 안되는 사람이다 보니 책도 강의도 보기 어려웠다. 수많은 책을 읽고 강의를 듣고 논문을 읽으며 쓴 돈만 1억 원은 족히 된다. 그렇게 깨닫게 된 것이 바로 성공한 사람들은 생각을 행동으로 옮긴다는 단순하고도 확실한 사실이었다. 그리고 그들은 생각을 행동으로 실행하는 힘이 강하다는 것이다. 나는 이 힘에 '생동력'이라는 이름을 붙였다.

이렇게 나의 여정은 시작되었다. 나는 생동력을 장착한 후로 생각만 했던 각종 자격증을 취득할 수 있었고, 유튜브, 인스타그램, 블로그를 시작할 수 있었다. 월급 180만 원도 황송하던 내가 월 1,000만 원은 기본으로 벌 수 있는 사람이 되었다. 좁디 좁은 고시원에서 강남으로 이사해 이제는 나만의 사무실도 생겼다. 삶이 180도 바뀌었다. 이는 모두 생동력 덕분이다.

생각을 행동으로 실천하는 것은 말처럼 쉬운 일이 아니었다. 실행한다고 모두 성공하는 것도 아니다. 혹자는 시행착오를 겪다 보면 자연스럽게 성장한다고 하는데 나는 그 말에 반대한다. 시행착오가 쌓이면 그저 많은 착오만 남을 뿐이다. 그렇게 실패만 반복하면 결국 '나는 안되는 인간'이라는 결론에 다다르기 쉽다.

그러나 실행이 없다면 성공은 감히 꿈조차 꿀 수 없다. 성공에 대한 정의는 각자 다르겠지만 나에게 성공이란 '나만의 일을 하며 어딘가에 소속되지 않고 자유롭게 사는 삶'이었다. 그러나 실행력이 없다면 나는 내가 바라는 삶의 근처에도 가지 못할 게 분명했다.

왜 어떤 사람들은 계속해서 성공하고
어떤 사람들은 계속해서 실패할까?

이 질문의 답은 단순히 운이나 타고난 재능에 있지 않다. 핵심은 내 안에 새겨진 '패턴'에 있다. 우리의 사고 패턴, 행동 패턴, 감정 패턴, 상황 대응 패턴 그리고 그것들이 만들어 내는 에너지의 순환에 답이 있다. 원하는 인생을 만들기 위해서는 이미 형성된 지금의 패턴을 확인하고 내가 원하는 패턴을 새롭게 만들어야 한다. 그럼 원하는 것을 하나씩 이루며 살아갈 수 있다.

내가 언급하는 패턴이라는 말은 수많은 성공한 사람이 모두 다른 표현으로 만들어 놓은 것을 하나로 정리한 단어다. 그들은 비슷한 개념을 모두 각자의 방식대로 표현했다.

자기 암시(나폴레온 힐): 잠재의식에 반복적으로 주입되는 생각과 신념.

마인드셋(캐롤 드웩): 능력과 성장 가능성에 대한 기본적 신념.

패러다임(밥 프록터): 세상을 바라보는 정신적 지도 또는 프레임워크.

프로그래밍(조 디스펜자): 반복적 경험과 학습을 통해 형성된 자동적 반응 패턴.

각본(엠제이 드마코): 인생을 지배하는 내면화된 신념 체계.

이들의 핵심 메시지는 동일하다. 우리의 현실이 우리 내면 세계의 반영이라는 것이다. 내면 세계는 과거의 경험, 학습, 사회적 영향에 의해 형성된다. 우리가 원하지 않았지만 자연스레 주입된 것들이 대부분을 차지한다. 우리가 이 내면 세계를 바꾸면 외부 현실노 변화한다. 그리고 이 모든 것은 의식적 노력과 실천을 통해 이뤄진다. 모두 약간씩 다른 단어로 똑같은 말을 하고 있다.

변화에 실패하는 원인은 내가 아니라 작동 패턴에 있다. 생각해 보자. 지도를 보며 목적지를 향해 걸어갔지만, 지도에 길이 잘못 표시되어 있어 도착하지 못했다면 이는 무엇 때문일까? 지도를 이상하게 만든 사람의 잘못이다. 그런데 우리는 무언가 하기로 결심했다 실패했을 때 다른 요인을 고려하지 않는다. 나에게 화살을 돌리기 바쁘다. 나의 노력이 부족했기 때문이라는 식이다.

이는 패턴의 중요성을 몰랐기 때문이다. 나의 역량이 부족해서가 아니라 시스템이 문제였던 것이다. 생각을 행동으로 바꾸는 것은 어렵지 않다. 올바른 작동 원리를 알고 나에게 맞는 시스템을 설계할 수 있다면 말이다. 태생적으로 실행력이 좋은 사람도 있지만, 실행이 어려운 사람은 이 책에서 공개하는 원리로 행동하면 된다.

"꾸준히 운동하고 싶어요."
"건강한 음식을 먹고 싶어요."
"작심삼일에서 벗어나고 싶어요."

작은 소망이 행동으로 바뀌고 반복적인 습관이 될 때, 우리는 어제와 작년과 다른 삶을 살아가게 된다. 벽돌 한 장 한 장이 모여 건물을 이루듯 말이다. 그러나 많은 사람은 원하는 행동을 삶에 녹여 내고 붙여 내기까지 큰 어려움을 겪는다. 심각한 수준의 비만, 불면증, 스트레스를 경험하는 사람들을 관찰하면 사소한 실패가 쌓여 스스로를 실패자로 낙인 찍는 경우가 많았다.

생각만으로는 그냥 다른 행동을 하면 될 것 같지만 쉽지 않다. 나는 이 책에서 무기력, 미루기, 게으름에서 벗어나기 위해서는 "의지가 없어도, 마음이 없어도, 간절함이 없어도 쉽고 즐겁게 변화할 수 있다"라는 말을 전하며, 구체적인 방법도 소개할 것이다.

그 전에 한 가지 당부를 하고 싶다. 정말 바꾸고 싶다면 자책은 그만두기로 하자. 이미 우리는 나 자신을 탓하고 비난하는 것이 너무나도 익숙하다. 실패의 원인은 마냥 내 탓이 아니라는 것만 명확히 해 두자. 물론 이 작업이 말처럼 쉽지는 않다. 살면서 짧게는 10년, 길게는 30년 이상 반복해 왔기 때문이다. 바로 우리의 생각, 말, 행동 그리고 감정을 말이다. 이는 너무나 오래전부터 습관이 되어 우리의 무의식까지 지배한 상태다. 그러나 생각을 행동으로 바꾸는 여정을 천천히 삶에 녹여 내면 당신도 변화할 수 있다.

실행력 컨설팅을 진행하며 가장 많이 들은 말이다.

"저도 변화할 수 있을까요?"

이런 대사를 지긋지긋할 정도로 듣곤 한다. 나도 그 마음을 십분 이해한다. 나도 그랬으니까. 그들이 그런 말을 하는 이유는 새롭게 살아 본 적이 없어서다. 자기 불신으로 가득한 과거의 나를 이제 떠나보내고 새로운 나를 만들어 가기 위한 여정을 시작해 보자. 나는 없는 의지를 억지로 끌어내거나 하기 싫은 마음을 억지로 돌리려고 하지 않는다. 특정한 시간을 투자하면 무조건 변화할 수 있다는 무한한 약속도 하지 않는다. 다만 현재 못마땅한 자신의 모습을 바꿀 수 있는 방법을 제시할 뿐이다. 이 패턴이 여러분에게 성공으로 데려다주는 내비게이션이 되기를 바란다.

가끔 나에게 수강생들이 원래 실행력이 좋았던 사람이 아니냐고, 혹은 금수저가 아니냐고 묻기도 한다. 그렇게 봐 주니 참 고마울 따름이다. 우리 모두의 내면에는 강력한 잠재력이 숨어 있다. 이 잠재력을 깨우는 열쇠가 바로 성공 패턴, 생각을 행동으로 옮기는 힘이다. 성공 패턴은 단순한 실행력을 넘어 우리의 생각과 행동을 유기적으로 연결하는 원동력이 되어 준다.

나는 내 인생을 바꾼 이후 3년 동안 1,000여 명의 사람들에게 생각을 행동으로 실행하는 방법에 대해 전수했고, 지금도 실행력 컨설팅을 하고 있다. 과거에는 180만 원의 월급을 받으며 돈이 없어 고시원에서 하루하루를 보냈던 지독한 내 삶을 구했고 지금은 과거의 내 모습이 보이는 사람들을 도와주는 일을 하고 있다. 생각과 행동 사이의 보이지 않는 장벽을 허물고, 두려움, 불확실성, 자기 의심의 벽을 무너뜨리고, 그 자리에 자신감과 성공으로 가는 다리를 놓아 주는 것, 그것이 내가 이 세상에서 할 일이자 사명이라고 생각한다. 일회성 변화가 아닌 평생에 걸친 성장과 발전을 위한 토대를 건설할 수 있게 당신에게 도움이 되고 싶다.

누구나 성공할 수 있는 세상이다. 우리는 자본주의 사회에서 살아간다. 오늘날의 자본주의 사회는 오픈 북 테스트와 흡사하다. 돈 버는 방법, 성공하는 방법이 널리고 널렸다. 문제는 방법을 머리로는 알아도 몸이 움직이지 않는 것이다. '나는 저렇게 성공할 수 없어', '내 주제에?'라고 스스로를 비하하며 실행은커녕 꿈조차도 꾸기 힘들었다.

나는 매달 많은 수강생을 만난다. 그리고 수강생들에게 '하면 되는 걸 아는데 움직여지지가 않아요'라는 말을 매일 듣는다. 이런 말을 들을 때마다 참 안타깝다. 그들이 본인의 문제를 인지조차 못하고 있기 때문이다.

현재의 나는 과거 내 선택의 총합이라는 사실을 알고 있는가? 나는 이 사실을 과거에는 끔찍히도 받아들이기 힘들었다. 내 시궁창 같은 인생은 부모, 사회, 나라 탓이어야 했다. 지금 내가 무기력하고 가난한 것이 내 탓이라니 그게 무슨 소리인가 싶었다. 그러나 나의 삶은 내 선택의 총합이라는 것을 인정하고 나서부터 삶이 조금씩 달라지기 시작했다.

오늘도 나는 강연장 앞에 선다. 그리고 수많은 사람의 눈빛에서 과거의 나를 본다.

여러분, 저도 한때는 여러분과 같았습니다.

누구나 변할 수 있습니다.

그 비결은 바로 여러분 안에 새겨진 패턴에 있습니다.

차례

프롤로그   원하는 삶을 만드는 패턴의 놀라운 힘   004

준비 단계

발견하라
실패와 성공을 가르는 비밀, '패턴'

인생을 결정하는 내 안의 패턴   021

패턴을 결정하는 3가지 조건   027

행동이 뇌를 지배한다   032

감정이 행동을 지배한다   036

생각과 행동 사이의 다양한 영향들   041

환경은 뇌, 행동, 감정 모두를 지배한다   045

성공할 환경을 만드는 2가지 도구   049

1단계

인지하라

스스로 만든 착각에서 벗어나는 법

실패를 반복하게 만드는 자기 합리화 057

내가 나에게 붙이는 잘못된 꼬리표 061

꾸준히 하는데도 성과가 저조한 이유 064

실행을 방해하는 무의식과 고정 관념 067

자신을 사랑하는 마음이 인지를 왜곡한다 071

왜곡의 함정을 피하는 10가지 체크 포인트 077

사고방식과 행동을 결정하는 3가지 요소 082

무책임한 낙관과 긍정은 한 끗 차이다 088

가치와 목표를 찾는 33가지 질문 095

더 쉽게 목표에 도달하는 효율적인 프로세스 102

2단계

생각하라

부정적 생각을 긍정적 생각으로 바꾸는 법

생각이 고정되면 행동도 고정된다 109

의식 레벨이 오르면 실행력도 오른다 116

감정은 사건 그 자체보다 사고에 영향을 받는다 120

나를 괴롭히는 내면 아이와 비판자 125

뇌를 반짝이게 하는 긍정적 자기 대화 134

인생을 송두리째 바꾸는 생각의 리셋 버튼 140

지금 바꿀 수 있는 부분에 온 힘을 다해라 147

불확실한 인생을 이기는 유연성과 지속성 152

3단계

실행하라
가장 효과적이고 효율적으로 움직이는 법

행동의 3가지 구성 요소	159
묘목이 나무가 되듯 점진적으로 능력을 키워라	165
나를 움직이는 동기를 강화하는 법	169
낡은 습관을 버리고 새로운 패턴을 장착하자	173
행동을 부르는 은밀한 자극, 넛지	177
다양한 감각을 활용하면 에너지의 크기가 막강해진다	182
결정을 피로하지 않게 하는 선택의 자동화	186
실행을 수월하게 만드는 사고의 유연함	192
우리를 가로막는 다양한 두려움	196

4단계

복구하라
시행착오를 원동력으로 만드는 법

나를 다시 일어서게 하는 복구력의 힘	211
실행의 비결은 에너지 관리와 회복에 있다	216
스트레스를 극복하는 사람이 성공에 더 빨리 도착한다	219
5일 만에도 바뀔 수 있는 패턴 리셋 프로그램	224
목표 달성 확률을 높이는 SMART 목표 설정	232
힘들 때 도움이 되는 사회적 지지 네트워크	238
복구력을 기르는 다양한 방법들	242
복구력을 기르는 다양한 순간들	247
위기를 넘어 본 사람이 성장한다	253

5단계

지속하라
매 순간 성공하며 사는 법

성공 패턴을 새기는 아주 작은 습관들   261

체계적일수록 성공이 길어진다   264

성공을 유지할 수 있는 다양한 지속 패턴   268

행동이 지속되는 바람직한 프레임 설정   277

의식적이고 의도적으로 타인의 시선을 수용하는 법   291

좋은 멘토는 나를 바라보는 새로운 눈이다   296

에필로그   지금 당장 당신의 인생 패턴을 바꿔라   301

| 준비 단계 |

발견하라

실패와 성공을 가르는 비밀, '패턴'

PATTERN

인생을 결정하는
내 안의 패턴

어떤 사람은 매일 아침 6시에 일어나 러닝을 하겠다고 다짐한다. 잠들기 전에 머리맡에 운동복까지 곱게 개 준비한다. 하지만 알람이 울리면 "5분만 더…"를 반복하다 결국 8시가 되어 허둥지둥 출근 준비를 한다.

어떤 사람은 건강을 위해 금연을 결심한다. 금연 보조제도 구매하고 가족에게도 당당히 금연을 선언한다. 그러나 스트레스를 받으면 '딱 한 개피만' 하고 담배를 입에 문다. 이내 죄책감에 빠진다.

어떤 사람은 집이 지저분할 때마다 "이번 주말에는 꼭 대청소를 하겠어!"라고 다짐한다. 하지만 주말이 되면 "피곤하니까 다음 주에 하지 뭐"라며 청소를 미룬다. 결국 집은 계속 지저분한 상태로 남아 있게 된다.

이야기를 보면서 뜨끔했는가? 분명 생각, 계획, 결심, 다짐은 하는데 실행이 안 될 때가 정말 많다. 아무리 의도가 좋아도 그 의도가 실제 행동으로 이어지기는 어렵다. 그 이유는 무엇일까?

우리에게는 이미 새겨진 패턴이 있다. 다른 말로 프로그래밍, 시스템, 각본이라고도 한다. 그저 습관이라고 표현하기에는 너무 강력하다. 그렇다면 나에게 새겨진 패턴이란 무엇을 의미할까? 바로 내가 그동안 살아오며 선택했던 말, 생각, 감정, 행동을 의미한다. 즉 내 삶의 전반적인 내용을 모두 아우르는 것이라고 할 수 있다.

이는 돌판에 새긴 조각과 유사하다. 아무리 내가 원하는 패턴으로 다시 새기려고 해도 과거 내가 만든 조각들이 무시무시한 힘으로 저항한다. 우리 안에 새겨진 과거의 실패 패턴이 발휘하는 에너지, 저항감, 반발감은 우리가 상상하는 것 이상으로 강력하다.

어릴 적부터 스스로를 실패자라고 생각했던 사람이 있다고 생각해 보자. 항상 자신이 충분하지 않다고 느꼈고, 실패할 것이라는 두려움에 사로잡혀 살았다. 이런 생각 패턴은 행동에도 큰 영향을 미친다. 중요한 결정을 내리려고 할 때마다 주저하게 된다. 여기서 정말 큰 문제는 이런 패턴이 있다는 사실조차 인지하지 못할 때가 많다는 것이다. 우리에게 새겨진, 우리가 과거부터 선택해 온 나만의 패턴을 발견하는 것이 우리가 변화의 여정에서 가장 먼저 해야 할 미션이다. 원하는 바를 실행하는 삶을 살기 위해서는 나도 모르게 새겨 온 패턴을 명확하게 파악해야 한다.

패턴을 봐야
인생이 보인다

진심으로 변화를 꿈꾼다면 성공자의 패턴을 제대로 이해하고, 깨닫고, 정확하게 알고 내 삶에 녹여야 한다. 녹여 낸다는 것은 내 삶에 철저하게 달라붙게 한다는 뜻이다. 내가 원하는 성공 패턴이 피에 흘러야 하고, 무의식에 각인되어야 하고, 뼈와 세포에 새겨져야 한다. 녹여 내기 위해서는 지금 나에게 새겨진, 내가 알게 모르게 선택해 온, 기존의 내 안에 강력하게 새겨진 낡아 빠진 실패 패턴을 인지해 내야 한다.

우리는 흰 도화지가 아니다. 무언가 그려지고 쓰인 얼룩진 도화지와 비슷하다. 그래서 이미 나에게 새겨진 무늬가 무엇인지를 파악하는 것이 먼저다. 이는 지금까지 살아오면서 내가 차곡차곡 의식적, 무의식적으로 쌓아 온 좋지 않은 행동 방식이며 내 인생에 좋을 것 없이 그저 반복되기만 하는 생각과 감정의 흐름이다. 낡은 실패 패턴을 벗어나기 위해서는 먼저 그것을 의식적으로 마주해야 한다. 그렇지 않으면 내가 무슨 생각을 하면서, 무슨 말을 하면서, 무슨 선택을 하면서 살아가는지 파악하기 어렵기 때문이다. 이미 너무 강력하게 자동화되어 있어 쉽게 알아차릴 수 없다.

모르면 당하기도 쉽다. 기존의 패턴 때문에 분명 내 인생이 고달팠는데도 기존의 패턴을 다시 선택하는 실수를 범한다. 예를 들어 중요한 일이 있을 때마다 마감 직전까지 일을 미루는 패턴으로 스트레스와 피로를 경험한다. 압박을 느끼면서도 "내일 시작하면 돼"라며 같은 패턴을 선택하는 것이다. 실수할 때마다 '난 역시 부족해'라는 부정적인 생각을 반복해 자존감이 떨어지고 자신감이 줄어드는 악순환을 겪지만, 막상 비슷한 상황이 오면 또 다시 같은 생각을 떠올려 스스로를 깎아내린다. 예산을 초과한 지출로 인해 금전적 스트레스를 받으면서도, 기분 전환이 필요할 때마다 충동적으로 쇼핑을 하고 재정 상황이 나아지지 않음을 알면서도 다시 기분이 안 좋아질 때 같은 소비 패턴을 반복한다. 내가 멍청해서도 아니고 모자라서도 아니다. 기존 패턴을 선택하는 것이 편하고 익숙하기 때문이다. 무의식적인 선택이다.

편하고 익숙한 선택이 내 삶을 풍요와 감사와 사랑으로 이끈다면 좋겠지만 대부분 그렇지 않다. 우리가 이것들을 인지해 내지 못하면 어제와 같이 원하지 않는 것만 말하고 생각하고 선택하는 삶을 살아가게 된다. 그리고는 또 남 탓을 한다. 분명 내가 하는 선택인데도 말이다.

우리 삶은 패턴으로 이뤄져 있다. 이런 패턴은 우리가 살아오면서 봤던 것, 들었던 것, 부모님, 지인, 친구 등 다양한 사람들에 의해 느낀 감정과 기억들이 연합되어 형성된다. 그리고 패턴은 특정한 에너지를 만들어 낸다. 긍정적 패턴은 활력과 동기의 에너지를, 부정적 패턴은 무기력과 좌절의 에너지를 생성한다. 이 에너지는 다시 우리의 감정, 생각, 행동에 영향을 미치며 순환한다.

예를 들어 새로운 도전 앞에서 불안한 감정을 느끼면 '나는 이것을 할 수 없어'라는 생각이 머리를 맴돌고 결국 시도조차 하지 않음으로 이어진다. 이런 패턴이 반복되면 우리의 뇌는 시도하지 않음을 정상적인 반응으로 인식하게 되고, 시간이 흐를수록 이 패턴은 눈덩이처럼 불어나며 내 삶에 깊숙이 뿌리내려 끈질기게 달라붙는다. 즉 한번 형성된 패턴은 자체적으로 계속 강화되는 경향이 있기 때문에 우리는 내 인생에 유리하게 작용하는 패턴을 다시 새겨 넣어야 한다.

변화의 여정을 홀로 걸어가기란 참으로 힘든 일이다. 안개 속에서 자신의 모습을 들여다보기가 어렵듯 우리를 반복적으로 좌절하게 만든 낡은 패턴을 스스로 발견하기란 쉽지 않다. 우리의 영리한 뇌는 필터처럼 현실을 자동으로 걸러내고 재해석하며, 때로는 불편한 진실을 슬그머니 지워 버리곤 한다. 이런 무의식적 필터링은 삶의 효율성을 높여 주지만, 동시에 우리가 자신을 깊이 들여다보는 것을 방해한다.

우리 뇌는 기존의 신념을 지지하는 정보에 더 주목한다. 그에 반하는 정보는 무시하거나 평가절하한다. 예를 들어 자신을 외향적이라고 생각하는 사람은 사교적인 상황에서의 나의 모습만 생각하고 내향적인 면모를 보이는 순간들은 무시하기 쉽다. 이로 인해 나의 전체적인 성격 패턴을 객관적으로 파악하기 어려워진다. 그 패턴에 너무 깊게 빠져 있기 때문이다.

또 우리는 쉽게 떠올릴 수 있는 정보나 경험에 과도한 중요성을 부여하는 경향도 있다. 최근 했던 행동이나 감정적으로 강렬했던 경험은 쉽게 기억나지만, 그것이 우리의 전체적인 패턴을 대표하지 않을 수 있다는 사실을 간과하곤 한다. 예를 들어 최근 큰 성공을 경험한

사람은 자신의 능력을 과대평가할 수 있고, 반대로 실패를 경험한
사람은 자신의 능력을 과소평가할 수 있다.

패턴을 결정하는
3가지 조건

무의식

패턴은 자동화되어 일어난다. 자동화된 프로세스는 일상생활을 효율적으로 만들 수는 있지만 동시에 우리가 스스로의 행동을 인지하고 분석하는 것을 어렵게 만든다. 예를 들어 매일 아침 눈을 뜨자마자 스마트폰을 확인하는 습관이 있는 사람은 이 행동이 자신의 일과에 미치는 영향을 인지하지 못할 확률이 높다.

우리에게는 스스로를 보호하려는 본능도 있다. 이는 우리의 진실된 모습을 직면하는 것을 방해할 수 있고, 장기적으로는 나의 행동 패턴을 객관적으로 인식하고 개선하는 것을 어렵게 만든다. 무의식적 패턴은 우리 삶에 큰 영향을 미치지만, 그 존재를 인식하고 객관적으로 평가하기는 매우 어렵다.

감정

감정 상태 역시 나를 바라보는 방식에 큰 영향을 미친다. 긍정적 감정 상태에서는 나의 장점을 과대평가하기 쉽고, 부정적 감정 상태에서는 단점에 과도하게 집착하기 쉽다. 이런 감정의 영향이 일시적인 경우도 있지만, 만성적일 경우 나에 대한 이미지가 왜곡된다.

우리는 오랜 시간에 걸쳐 나에 대한 특정 이미지를 형성한다. 이미지는 안정감을 주지만, 동시에 새로운 관점으로 나를 바라보는 것을 어렵게 만든다. 예를 들어 자신을 항상 늦는 사람으로 인식하는 사람은 시간을 잘 지키는 상황에서도 이를 아주 예외적인 특수한 상황으로 치부할 수 있다. 이런 고착화된 자아상은 우리의 실제 행동 패턴과 괴리가 있을 수 있으며, 객관적인 자기 인식을 방해한다.

환경

우리는 모든 행동이 순전히 개인의 의지와 성격에서 비롯된다고 믿는다. 아침에 일찍 일어나 운동하는 것도, 지하철에서 노약자에게 자리를 양보하는 것도, 친구와의 약속에 늦지 않으려 서두르는 것도 모두 자신의 선택이라 여긴다. 그런데 현대 심리학과 행동 과학은 놀라운 진실을 밝혀냈다. 우리를 둘러싼 상황과 환경이 우리의 행동을 좌우하는 힘은 생각보다 훨씬 더 강력하다는 사실이다.

필립 짐바르도의 스탠포드 감옥 실험은 이런 충격적 진실을 적나라하게 보여 준다. 선량하고 평범했던 대학생들은 감옥이라는 특수한 환경에 들어서자 불과 며칠 만에 전혀 다른 사람이 되었다. 교도관 역할을 맡은 학생들은 권위적이고 폭력적으로 변했으며, 수감자 역할을 맡은 학생들은 무기력하고 순종적인 모습을 보였다. 평화로운 캠퍼스에서 봉사 활동을 하던 젊은이들이 감옥이라는 환경에서 잔인한 결과를 만든 것이다.

우리의 행동은
상황과 환경에 지배당하고 있다

우리의 일상에서도 이런 모습이 쉽게 발견된다. 평소 예의 바른 직장인도 과중한 업무와 상사의 압박이 이어지는 환경에 놓이면 동료들에게 짜증을 내기 시작한다. 주말마다 등산을 즐기던 이가 집 근처 공원이 없어지자 운동을 중단한다. 환경은 우리의 행동을 이토록 쉽게 바꿔 놓는다.

심리학자 솔로몬 애쉬의 '동조 실험' 역시 우리의 행동이 얼마나 주변 환경에 쉽게 영향을 받는지 명확히 보여 준다. 실험 참가자들은 명백히 잘못된 답이라도 다수가 옳다고 하면 따라가는 모습을 보였다. 이는 지금도 계속된다. 직장에서 부적절한 관행을 목격해도 '다들 그러니까' 하며 침묵하고, SNS에서 검증되지 않은 정보를 다들 공유할 때 나도 모르게 동조하곤 한다. 이는 우리의 판단과 행동이 주변 사람들의 영향을 크게 받는다는 것을 증명한다.

반두라의 '사회 학습 이론'도 이런 맥락에서 중요하다. 우리는 직접적인 경험에서뿐만 아니라 타인을 관찰하고 모방함으로써 많은 행동을 학습한다. 즉 우리를 둘러싼 사회적 환경이 우리의 행동 패턴 형성에 큰 영향을 미친다.

최신 신경 과학 연구들은 일상의 변화가 우리 뇌에 미치는 영향을 과학적으로 입증했다. 〈네이처〉에 실린 연구에 따르면, 만성적인 스트레스 환경은 편도체의 과활성화를 유발한다. 출근길 지하철에서 누군가와 부딪혔을 때 짜증을 내는 것, 주말 아침 공원 산책 후 긍정적인 마음이 드는 것 등 우리의 모든 반응이 뇌의 생물학적 메커니즘과 깊은 관련이 있다는 것이다.

〈네이처〉에 실린 '환경적 자극과 신경 가소성' 연구는 풍부한 환경 자극이 뇌 가소성에 긍정적 영향을 미친다는 사실을 밝혔다. 주말마다 등산을 하고 친구들과 만나 대화하는 습관은 해마의 신경 생성을 촉진한다. 학술지 〈와일리〉에 실린 '성인 해마의 신경 생성' 연구는 이러한 활동들이 새로운 뇌세포 생성을 촉진하고 인지 기능을 향상시킨다고 설명한다. 〈직업 건강 심리학 저널〉에 실린 '직장 스트레스와 가족 관계' 연구는 직장 스트레스가 가정생활에 미치는 영향을 분석했다. 육아에 지친 젊은 부모가 아이에게 짜증을 내는 것이 성격의 문제가 아닐 수 있다. 수면 부족과 고립된 양육 환경이 뇌의 스트레스 반응을 증폭시킨다는 것이다.

〈직무 스트레스 저널〉에 실린 '업무 관련 스트레스가 인지 기능에 미치는 영향' 연구는 과도한 업무 스트레스가 인지 기능을 저하시킬 수 있다고 경고한다. 야근이 잦은 회사원의 우울증을 개인의 의지 부족으로만 볼 수 없는 이유다. 〈인지 과학 동향〉에 실린 '경험에 따른 뇌 구조의 가소성' 연구는 환경 변화가 성인의 뇌 구조까지 변화시킬 수 있다고 보고한다.

　이런 결과들은 우리에게 중요한 메시지를 전달한다. 우리의 행동이 개인의 의지나 성격의 산물이 아니라 복잡한 상황적, 환경적 요인들의 상호작용 결과라는 것이다. 이는 자기 계발이나 사회 문제 해결에 개인의 노력뿐만 아니라 환경의 개선도 중요하다는 것을 의미한다. 예를 들어 직장에서의 스트레스가 가정에서의 행동에 영향을 미칠 수 있지만, 우리는 이를 성격 탓으로 돌리기 쉽다. 상황적 요인을 인식하지 못하면, 나의 행동 패턴을 정확히 이해하기 어렵다.

행동이 뇌를
지배한다

뇌는 생각과 행동 사이에서 복잡한 과정을 거친다. 우리가 일상에서 수없이 내리는 결정들, 즉 생각을 행동으로 실행하는 과정은 뇌속에서 어떻게 일어날까?

뇌의 전두엽은 우리 뇌의 CEO라고 볼 수 있다. 계획을 수립하고 의사를 결정하고 충동을 조절하고 집중하게 도와준다. 전두엽에서 계획을 수립하고 실행하는 과정을 한 편의 영화를 제작하는 과정으로 이해하면 쉽다. 전두엽은 영화 제작자이자 감독이다.

영화를 만들기로 결정하면 제작자는 전체적인 기획을 한다. 스토리를 구상하고(목표 설정), 예산을 책정하고(목표 달성에 필요한 시간, 에너지, 자원 계산), 배우를 캐스팅한다(어떤 기술이나 능력이 필요한지 판단). 그 후 시나리오 작성을 하고(세부 계획) 촬영 준비를 한다(실행 준비). 세트 디자인도 점검하고(행동에 적합한 환경 조성) 리허설도 한다(시뮬레이션). 그리고 마침내 촬영에 들어간다(실행). 감독이 액션! 하면 촬영(실제 행동)이 시작 되는 것이다.

촬영은 한번 시작했다고 쭉 가는 것이 아니다. 중간중간 모니터링한다(행동 진행 상황을 수시로 확인). 확인하지 않고 넘어가면 다시 준비하고 재촬영하며 너무 많은 기회비용(시간, 에너지, 돈)이 소모되기 때문이다. 촬영이 끝나면 편집을 한다. 컷들을 검토하고(행동의 초기 결과 평가 및 피드백) 필요한 부분이 있다면 재촬영한다(필요시 행동 수정, 반복). 최종 편집(경험을 바탕으로 향후 계획 조정)까지 하면 영화 제작은 끝난다.

이렇게 전두엽은 영화 제작의 전 과정을 관리하는 제작자이자 감독처럼 작동한다. 초기 아이디어에서부터 최종 결과물이 나오기까지 모든 과정을 조율하고 관리하며 필요시 바로 수정과 조정을 수행한다. 나에게 맞는 방법을 찾을 때도 이와 같은 구체적인 과정이 요구된다. 그리고 항상 새로운 시선에 마음을 열어 받아들일 준비가 되어야 한다.

매일 반복하는 작은 행동들이
우리 삶의 패턴을 새롭게 디자인한다

우리는 하루에도 엄청난 양의 정보를 맞닥뜨린다. 많은 정보가 우리의 주의력을 분산시키고, 한 가지에 집중하는 것을 어렵게 만든다. 과도한 정보가 오히려 결성을 어렵게 만들어 행동으로의 전환을 지연시키고, 끊임없는 정보 처리가 정신적 피로를 초래해 실행력을 저하시킨다.

스마트폰과 소셜 미디어는 우리 생활의 필수품이 되었다. 손가락으로 클릭만 하면 곧바로 재미있는 콘텐츠와 유익한 정보가 쏟아진다. 이런 환경에 노출되다 보니 즉각적인 만족에 길들여지고, 목표 달성을 위해 장기적으로 노력하기가 어렵게 된다. 당장의 만족을 위해 장기적으로 중요한 일을 미루는 경향이 더 강해지는 것이다. 스마트폰을 하면서 빠르게 스크롤을 내리는 것이 우리 뇌에 뭔가를 하고 있다는 착각을 준다는 것도 문제다. 뭔가를 하는 것이 중요한 것이 아니다. 내가 바라고 원하는 방향으로 삶을 주도적으로 이끌어 나가는 것이 중요한 것이다.

반복된 행동은 뇌의 구조를 변화시켜 해당 행동을 더 쉽게 만든다. 우리의 뇌는 끊임없이 자신을 새롭게 조각하는 예술가와도 같다. 신경 가소성이라 불리는 이 놀라운 능력은 우리가 매일 반복하는 행동에 따라 뇌의 구조를 실제로 변화시킨다. 〈네이처〉에 실린 흥미로운 연구는 이를 극적으로 보여 준다. 런던의 택시 운전사들이 복잡한 도시의 골목길을 수년간 누비며 그들의 공간 기억을 담당하는 뇌 영역인 해마가 일반인보다 현저히 커졌다는 것이다.

물이 바위에 홈을 파듯, 반복된 행동은 우리 뇌에 새로운 길을 만들어 간다. '신경 기반의 습관 학습과 통제' 연구에 따르면, 처음에는 의식적 노력이 필요한 행동도 반복하면 점차 자동화된다. 자전거 타기처럼 한번 몸이 익히면 영원히 잊지 않는 것이다.

그러나 이런 자동화에는 양면성도 존재한다. '습관, 의식, 그리고 평가하는 뇌' 연구는 나쁜 습관을 버리기가 어려운 이유가 바로 이 자동화된 신경 회로 때문이라고 설명한다. 스마트폰을 무의식적으로 들여다보는 행동이나 스트레스를 받을 때마다 찾게 되는 달콤한 디저트처럼 말이다.

이 모든 과정의 중심에는 도파민이라는 특별한 신경 전달 물질이 있다. '도파민과 보상 예측' 연구는 흥미로운 사실을 밝혀냈다. 도파민은 단순한 쾌락 물질이 아니라 우리의 동기 부여를 책임지는 연료와도 같다는 것이다. 넷플릭스의 다음 에피소드 버튼이 우리를 유혹하는 이유도 여기에 있다. 도파민은 실제 보상보다 보상에 대한 기대에 더 강렬하게 반응한다.

'도파민의 학습과 기억에서의 역할' 연구는 이 물질이 우리의 습관 형성에 결정적 역할을 한다고 설명한다. 매일 아침 조깅을 하고 상쾌함을 느끼면, 우리 뇌는 이 행동과 보상을 연결 짓는다. 도파민은 이 연결을 강화해 다음 날도 조깅하고 싶게 만드는 것이다.

이처럼 우리의 뇌는 매 순간 자신을 재구성하고 있다. 질문은 단 하나다. 당신은 어떤 방향으로 당신의 뇌를 조각하고 싶은가? 우리가 매일 반복하는 작은 행동들이 모여 우리의 뇌를, 나아가 우리의 삶의 패턴을 새롭게 디자인하고 있다는 것을 기억하자.

감정이 행동을
지배한다

불안과 두려움은 성공으로 가는 행동을 가로막는 가장 큰 장애물이다. 우리의 소중한 에너지를 고갈시키는 주요 원인이기 때문이다. 우리가 느끼는 막연한 불안, 실패에 대한 두려움, 익숙하지 않은 상황에 대한 공포는 에너지 흡혈귀와 비슷하다. 이것들은 우리를 '안전지대'에 머물게 만든다.

창업을 꿈꾸는 사람이 있다고 가정해 보자. 그는 사업 계획을 세우고 시장 조사도 했지만, 실제로 사업을 성공시킬 행동으로 옮기지는 못한다. 왜일까? 실패할지도 모른다는 불안감, 경제적 손실에 대한 두려움, 주변의 시선을 의식한 공포 등이 그를 붙잡고 있기 때문이다. 우리의 행동을 가로막는 것들은 무엇이 있을까?

자신감 부족

자신감은 터닝 포인트를 만드는 마법의 열쇠다. 머릿속의 수많은 아이디어가 현실이 되기 위해서는 반드시 내 것으로 만들어야 하는 것이다. 내면의 가능성을 믿지 못하고 성공을 확신하지 못한다면, 우리의 꿈은 영원히 꿈으로만 남게 된다.

어떤 사람은 10년째 작가의 꿈을 품고 있다. 서재에는 글쓰기 관련 책들이 가득하고, 유명 작가들의 온라인 강의를 모조리 수강했다. 하지만 정작 '내 글을 누가 읽어 주려나, 다른 사람들은 나보다 훨씬 잘 쓰는데…'라는 생각이 손가락을 자판에서 멀어지게 했다.

자신감의 결핍은 우리의 잠재력에 드리운 가장 큰 그림자다. 수많은 미완성 소설이 머리와 컴퓨터 속에 잠들어 있고, 셀 수 없이 많은 사업 계획서가 서랍 속에서 빛을 보지 못하고 있다. 우리는 완벽을 추구하다 시작조차 하지 못한다. 하지만 세상의 모든 위대한 시작은 불완전했다는 것을 기억할 필요가 있다.

자신감이 푸른 하늘에서 갑자기 떨어지는 선물은 아니다. 그것은 매일 아침 책상 앞에 앉아 한 문장씩 써 내려가는 작가처럼, 하루하루 벽돌을 쌓아 올리는 것처럼 만들어 가는 것이다. 처음에는 서툴고 불완전할 수 있다. 하지만 한 걸음 한 걸음 나아가다 보면 어느새 우리는 자신감이라는 단단한 성벽을 쌓아 올리고 있는 자신을 발견하게 된다.

오늘도 누군가는 '글쓰기' 탭을 열었다가 닫는다. 그들의 재능이 부족해서가 아니다. 단지 자신의 이야기가 세상에 울려 퍼질 자격이 있다고 믿지 못할 뿐이다. 모든 작가가 처음부터 베스트셀러를 쓴 것은 아니다. 시작에는 용기가, 성장에는 자신감이 필요하다. 그리고 그 자신감은 바로 당신의 꾸준한 발걸음에서 피어난다.

정서적 에너지 소진

우리의 실행을 무너뜨리는 가장 강력한 적은 바로 감정이다. 출근 길의 짜증, 업무에서 오는 스트레스, 인간관계의 갈등은 매일 같이 우리의 정서적 에너지를 갉아먹는다. 퇴근 후 침대에 누워 스마트폰만 들여다보게 되는 것은 게으름 때문이 아니다. 우울감, 무기력함, 좌절감이라는 보이지 않는 쇠사슬이 우리의 발목을 붙잡고 있는 것이다.

한 직장인은 오늘도 퇴근 후 영어 공부를 하려 했다. 하지만 상사의 날선 말투가 계속 귓가에 맴돌았다. 교재를 펴자마자 덮어 버렸다. 넷플릭스를 보며 시간을 흘려보냈다. 이처럼 부정적 감정은 우리의 의지를 녹여 버리는 강력한 용해제가 된다.

운동선수가 근육을 단련하듯, 우리도 정서 근력을 키워야 한다. 화가 날 때 잠깐 호흡을 고르고, 불안할 때 자신을 다독이는 법을 배워야 한다. 긍정 심리학이 말해 주듯 행복은 타고나는 것이 아니라 훈련하는 것이다.

감정을 관리하는 능력은 우리 인생의 가장 강력한 무기가 된다. 스트레스의 파도가 밀려와도 중심을 잃지 않게 하고, 좌절의 순간에도 다시 일어설 수 있게 한다. 결국 성공으로 가는 길은 우리의 감정을 어떻게 다루느냐에 달려 있다.

장기적인 목표를 향해서는
느리게 갈 줄도 알아야 한다

현대인의 삶은 고속도로를 달리는 자동차와도 같다. 쉴 새 없이 밀려드는 이메일, 끊임없이 울리는 카톡 알림, 매일 업데이트되는 새로운 트렌드까지. 우리는 끊임없는 정보를 받아들이며 살아간다. 손 안의 스마트폰은 언제나 더 빠른 만족, 더 강한 자극을 제공한다. 유튜브의 쇼츠는 자동으로 재생되고, 인스타그램의 릴스는 무한히 이어진다. 그리고 이제는 틱톡까지 가세해 세상을 어지럽히고 있다.

이런 환경에서 장기적 목표를 향해 꾸준히 걸어가는 일은 폭우 속에서 우산 없이 걷는 것처럼 어려워졌다. '하루 수익률 20%', '21일 만에 완성하는 복근', '한 달 만에 토익 300점 상승' 같은 문구들이 우리의 시선을 사로잡는다. 시간이 필요한 성장의 가치는 점점 희미해져 간다.

SNS에는 매일 누군가의 성공 스토리가 올라온다. 창업 1년 만에 매출 10억원을 달성한 이야기, 6개월 만에 바디프로필을 찍은 이야기 들. 하지만 그들이 실패한 수백 번의 시도, 견뎌 낸 수천 시간의 고독은 보이지 않는다. 우리는 남들의 하이라이트와 우리의 비하인드 신을 비교하며 지쳐만 간다.

이런 시대를 살아가는 우리에게 필요한 것은 새로운 종류의 용기다. 느리게 가는 용기, 남들과 다른 속도로 걸어갈 수 있는 용기. 당신의 목표를 향한 걸음이 느리게 보일 수도 있다. 하지만 기억하자. 토끼와 거북이 이야기에서 결승선을 통과한 것은 빠른 토끼가 아닌, 느리지만 끈기 있는 거북이였다는 것을.

생각과 행동 사이의 다양한 영향들

실행력은 유전, 성격, 경험, 환경, 부모님의 양육 태도 등 복합적 요인에 의해 영향을 받는다. 내가 무료 특강에서 만난 사람들이나 알게 된 지 얼마 안 된 사람들에게 솔루션을 주기 어려운 이유이기도 하다. 한 개인의 배경과 그 원인에 대해 대략적으로라도 파악이 되어야 원인을 알 수 있고 그에 따른 해결책이 도출될 수 있기 때문이다.

유전

앞서 언급했듯 실행은 단순히 의지력의 문제가 아니다. 다양한 요인들이 복합적으로 작용한 결과다. 그중 유전은 우리의 성격과 행동 패턴에 상당한 영향을 미친다. 고려대학교 생명과학부 백자현 교수 연구팀은 뇌의 편도체에서 도파민 D2 수용체가 결여된 생쥐가 충동적 행동을 증가시키는 것을 발견했다. 도파민 관련 신경 세포를 활성화하면 충동적 행동이 70% 정도 감소하는 결과를 보였다. 이는 도파민 D2 수용체가 충동성 조절에 필수적임을 의미한다.

유전은 실행력에 직접적인 영향을 줄 수 있다. 유전적 소인은 환경과의 상호 작용을 거쳐 실제 행동으로 나타난다. 유전은 실행력에 강한 영향을 미치지는 요소지만 그렇다고 유전만으로 실행력을 완전히 설명할 수는 없다.

성격

성격도 실행에 큰 영향을 미친다. 이는 BIG 5 성격 특성 모델을 통해 알 수 있다. 우리는 성격을 성실성, 외향성, 신경증, 개방성, 친화성의 다섯 가지로 큰 틀을 나눌 수 있다. 높은 성실성은 목표 지향적이고 체계적인 행동과 연관되어 있다. 외향적인 사람들은 활동적이고 열정적인 경향이 있고 새로운 일을 시작하는 데 더 적극적일 수 있다.

신경증 점수를 높게 받은 사람은 불안과 스트레스에 취약해 실행력이 떨어질 수 있다. 새로운 경험에 대한 개방성이 높은 사람들은 다양한 시도를 할 가능성이 높지만 한 가지에 집중하는 것을 어려워할 수 있다. 높은 친화성은 협력적 환경에서의 실행력을 높일 수 있지만, 때로는 자신의 목표보다 타인의 요구에 더 집중하게 할 수도 있다.

경험

과거의 개인적 경험도 실행력에 큰 영향을 미친다. 성공 경험이 많은 사람일수록 자기 효능감이 높아 불특정한 미션에 대한 실행력이 올라간다. 또 실패를 어떻게 해석하고 대응하냐에 따라 실행력에 긍정적 또는 부정적 영향을 미칠 수도 있다. 같은 상황에서 겪는 같은 경험도 개인에 따라 반응이 다르게 나타난다. 그래서 실행이 어려운 원인은 사람마다 모두 다르게 나타난다. 이런 개인차는 다양한 요인들이 복합적으로 작용한 결과다.

못 했다는 자책의
덫에 걸리지 마라

생각과 행동의 간극을 좁히기 위해서는 단순히 의지력만으로는 부족하다. 우리의 감정을 이해하고, 정서적 장애물을 극복하는 방법을 배우며, 긍정적인 정서 상태를 유지하는 것이 중요하다. 이를 통해 우리는 더 쉽게, 그리고 더 자주 우리의 생각을 행동으로 옮길 수 있게 될 것이다.

이런 다양한 관점에서 우리가 실행이 어려운 이유를 말하는 이유는 단편적인 시각에 매몰되어 나의 문제를 바라보다 보면 의미 없는 자책으로 끝나기 쉽기 때문이다. 생각을 행동으로 실천하기 위해서는 다양한 관점으로 접근하는 훈련을 지속적으로 해야 한다. 단편적인 시각에서 벗어나 복합적인 요인들을 고려해 자책의 덫에 빠지지 않고 실질적으로 성장하는 힘을 길러야 한다.

행동은 복잡하고 다차원적이기 때문에 단일 요인으로 설명하기 어렵다. 심리학, 신경 과학, 사회학 등 다양한 분야의 연구들은 인간 행동이 여러 요인으로 상호 작용한 결과라고 말해 주고 있다. 예를 들어 다이어트를 결심했지만 실천하지 못하는 경우, 단순히 의지력 부족으로 치부하는 대신 심리적(스트레스 해소 방식), 생물학적(호르몬 변화), 사회적(주변 환경의 영향) 요인 등을 종합적으로 고려할 수 있다.

생각만 많고 실행이 어려운 사람들을 만나다 보면, 학대라고 할 수 있을 정도의 자책을 하는 경우도 많았다. 자책은 나의 자존감도 깎아먹고 부정적 감정을 유발해 우리가 생각하는 것 이상으로 빠르게 정서적 에너지를 소진하게 한다. 자책보다는 나에 대한 이해가 먼저여야 한다. 운동 계획을 지키지 못했을 때, "난 의지가 약해"라고 자책하는 대신 "오늘은 힘들었지만, 내일은 더 잘할 수 있어"라고 자기를 격려하는 것이 더 효과적이다.

이렇듯 사람마다 원인이 모두 다르고 원인에 따른 해결책도 다르다. 어떤 사람에게는 좋은 방법이 다른 사람에게는 독약이 될 수 있다. 맞거나 틀리다는 관점보다는 나에게 맞는 방향을 찾는 것이 중요하다. 삶을 변화시키는 건 자책이나 자기 비난이 아니다.

환경은 뇌, 행동, 감정 모두를 지배한다

결심만 하고 행동하지 않는 이유는 무엇일까? 우리는 종종 큰 결심을 하고도 실제로 행동에 옮기지 못한다. 단순히 게으름이나 의지 부족의 문제가 아님을 알아차린다고 해도, 그리고 이런 이유가 심리적, 환경적 요인이 복합적으로 작용한다는 것을 이해한다고 해도 아직 부족하다. 실행의 작동 원리에 대해 알아야 하기 때문이다.

한 수강생은 2년째 창업을 준비 중이었다. 그는 매일 밤 새로운 사업 아이디어를 떠올리고 멋진 사업 계획서를 작성했다. 노트북에는 이미 수십 개의 파일이 가득했다. 그는 이렇게 계획을 세우는 것만으로도 큰 성취감을 느끼며 '나는 정말 창의적이고 사업 감각이 뛰어난 사람이야'라며 시간을 보냈다. 하지만 실제로 사업자 등록을 하거나 투자자를 만나는 등 구체적인 행동으로 이뤄진 것은 전혀 없었다. 2년이라는 시간이 흘렀지만, 그의 창업은 여전히 계획 난세에 머물러 있는 상태였다.

뉴욕대학교 심리학 교수 피터 골위처는 이 문제를 '계획의 함정'으로 설명한다. 우리는 결심을 할 때 미래의 긍정적인 결과만을 상상하며 만족감을 느끼고, 이로 인해 이미 목표를 달성한 듯한 착각에 빠지고, 실제로 행동할 동기는 사라진다. 이를 '기분 좋은 착각'이라고 부르기도 한다. 이런 착각은 실제로 행동할 동기를 감소시켜, 결심만 하고 실천하지 못하게 만든다.

계획한 성공을 실천하는 원리

계획의 함정이 생기는 이유는 심리적 만족감을 느끼는 것에 있다. 우리는 목표를 세우기만 해도 일종의 성취감을 느끼게 된다. 뇌가 미래의 성공을 상상하면서 도파민을 분비하기 때문이다. 목표를 주변 사람들에게 알리는 순간, 우리는 그들이 우리의 결심을 인정해 주는 것처럼 느낀다. 이는 우리가 이미 목표를 달성한 것처럼 느끼게 만드는 또 다른 요인이다. 상상하는 것만으로도 만족감을 느끼다 보니 실제 행동으로 옮기는 의지는 오히려 사그라든다.

심리학자 하이디 그랜트 할버슨과 하지우드는 긍정적 착각이 개인의 심리적 웰빙에 미치는 영향을 심층적으로 연구했다. 이들은 긍정적 착각이 단기적으로는 자신감과 동기를 높여 목표 달성에 기여할 수 있음을 발견했다. 예를 들어 학생들이 자신의 능력을 과대평가할 때, 이는 학업 성취에 긍정적인 영향을 미칠 수 있다. 그러나 이런 긍정적 착각이 지속될 경우, 실제 능력과의 괴리가 발생해 장기적으로는 부정적인 결과를 초래할 수 있다는 점이 중요하다.

이들은 학생들이 대학에 입학할 때 자신의 학업 능력에 대해 비현실적으로 긍정적인 경향이 있음을 발견했다. 이런 믿음은 초기에는 동기를 부여하지만, 시간이 지남에 따라 실제 성과와의 불일치로 인해 실망감과 낮은 자존감으로 이어질 수 있다. 이는 학생들이 목표를 설정하고 이를 달성하기 위한 전략을 세우는 데 있어, 현실적인 자기 평가의 중요성을 강조한다.

골위처는 단순한 목표 설정보다 '실행 의도'를 형성하는 것이 더 효과적임을 밝혔다. 실행 의도란 '만약 X 상황이 오면, 나는 Y를 할 것이다'라는 구체적인 계획을 말한다. 이 연구에서 실행 의도를 세운 그룹은 단순히 목표만 세운 그룹보다 목표 달성률이 높았다. 이 방법을 일상에 적용한다면 어떨까?

운동 습관 형성을 원한다면

나는 매일 운동할 것이다(단순 목표). 만약 매일 아침 알람이 울리면, 나는 바로 운동복으로 갈아입고 15분 동안 거실에서 스트레칭을 할 것이다(실행 의도). 실행 의도를 세운 그룹은 특정 상황(알람이 울림)과 구체적인 행동(운동복으로 갈아입고 15분 스트레칭)을 연결해 실제 운동 실행률이 높아진다.

건강한 식습관 형성을 원한다면

나는 더 건강하게 먹을 것이다(단순 목표). 만약 점심 식사 때 패스트푸드를 먹고 싶은 충동이 들면, 나는 미리 준비해 둔 샐러드를 꺼내 먹을 것이다(실행 의도). 실행 의도를 세운 그룹은 유혹 상황(패스트푸드를 먹고 싶은 충동)에 대한 구체적인 대응 계획(준비된 샐러드 먹기)을 세워 건강한 식습관을 더 잘 유지할 수 있다.

학습 습관 개선을 원한다면

나는 매일 영어 공부를 할 것이다(단순 목표). 저녁 식사를 마치면, 나는 바로 책상에 앉아 30분 동안 영어 단어장을 학습할 것이다(실행 의도). 실행 의도를 세운 그룹은 특정 일과(저녁 식사 후)와 구체적인 학습 계획(30분 동안 영어 단어장 학습)을 연결해 더 일관된 학습 습관을 형성할 수 있다.

이처럼 실행 의도는 구체적인 상황과 행동을 연결함으로써 단순히 "할 것이다"라는 모호한 목표 설정보다 실제 행동으로 이어질 가능성이 더 높다. 실행 의도는 우리의 행동을 거의 자동적으로 만들어 의지력에만 의존하는 것보다 더 효과적으로 목표를 달성할 수 있게 도와준다.

성공할 환경을 만드는 2가지 도구

생물학자 케르스틴 피어링은 'If-Then' 계획 연구에서 골위처의 실행 의도 이론을 확장해, 구체적인 계획이 목표 달성에 더 효과적임을 보여 줬다. 그는 단순한 목표 설정의 한계를 극복하는 방법을 제시한다.

스트레스 관리를 목표로 한다면

나는 스트레스를 잘 관리할 것이다(단순 목표). 만약 직장에서 스트레스를 느끼면(If), 나는 5분간 깊은 호흡을 하며 명상을 할 것이다(Then).

예시에서 If-Then 계획은 스트레스 상황을 더욱 구체적으로 인식하고, 그에 대한 즉각적이고 실행 가능한 대응 방법을 제시한다. 이를 통해 스트레스 관리가 더 효과적으로 이뤄질 수 있다.

시간 관리를 목표로 한다면

나는 시간을 더 효율적으로 사용할 것이다(단순 목표). 만약 소셜미디어를 체크하고 싶은 충동이 들면(If), 나는 즉시 스마트폰을 다른 방에 두고 20분간 집중해서 일할 것이다(Then).

이 계획은 시간 낭비의 구체적인 유혹 상황을 명확하게 인식하고, 그에 대한 적절한 대안 행동을 제시한다. 이를 통해 시간에 대한 인지가 더 효과적으로 이뤄진다.

건강한 식습관 형성을 목표로 한다면

나는 더 건강한 간식을 먹을 것이다(단순 목표). 만약 오후 3시에 단 것이 당기면(If), 나는 준비해 둔 과일이나 견과류를 먹을 것이다(Then).

이 계획은 특정 시간대의 식습관 문제를 인식하고, 그에 대한 구체적인 대안을 생각할 수 있는 기회를 준다. 이를 통해 건강한 식습관 형성이 더 쉬워질 수 있다.

If-Then 계획에는 특징이 있다. 언제, 어디서, 어떤 상황에서 행동할지 명확히 할 수 있고(구체성), 특정 상황(If)에 대한 반응(Then)을 자동화해 의지력 소모를 줄이고(자동성), 발생할 수 있는 장애물을 예측해 대비할 수 있고(예측 가능성), 실행할 수 있는 구체적인 행동을 계획할 수 있다(실행 가능성). 이런 접근 방식은 단순한 목표 설정의 한계를 넘어, 실제 상황에서 더 효과적으로 목표를 달성할 수 있게 한다.

긍정적인 면과 부정적인 면
모두를 고려하라

목표 달성의 긍정적 결과를 상상하는 동시에 그 과정에서 놓일 수 있는 장애물을 현실적으로 예상하고 대비하는 방식으로 막연하게 '잘되겠지', '어떻게든 되겠지'라는 생각 회피를 피할 수 있다. 이렇게 긍정적인 면과 부정적인 면을 함께 고려하는 것을 두고 멘탈 콘트라스팅(Mental Contrasting)이라고 한다.

멘탈 콘트라스팅의 핵심 요소는 다음과 같다. 목표 달성 시의 이상적인 결과를 생생하게 그려 보고(긍정적 미래 상상), 목표 달성을 방해할 수 있는 현실적인 장애물을 파악하고(현실적 장애물 인식), 이상적인 미래와 현재의 현실을 대비하고(대비), 장애물을 극복하기 위한 구체적인 전략을 개발한다(전략 수립).

멘탈 콘트라스팅은 단순하고 긍정적인 사고보다 더 강한 동기를 부여하고 목표 달성에 필요한 에너지를 효과적으로 사용할 수 있게 도와준다. 또한 과도하게 낙관적이거나 비관적인 기대를 조절한다. 이는 생각이 실제적 행동 변화로 이어질 가능성을 높여 준다.

멘탈 콘트라스팅을 좀 더 구조화한 것이 바로 'WOOP' 전략이다.

뉴욕대학교 심리학 교수 가브리엘 외팅겐의 WOOP 전략 연구에서 외팅겐은 단순한 긍정적 사고가 아닌 바람(Wish), 결과(Outcome), 장애물(Obstacle), 계획(Plan)을 체계적으로 생각하는 WOOP 전략 이 목표 달성에 더 효과적이라고 밝혔다.

체중 감량이 목표인 경우

3개월 안에 5킬로그램 감량(바람). 더 건강해지고 자신감이 생기 며, 옷이 더 잘 맞게 됨(결과). 늦은 밤 야식 먹는 습관, 운동할 시간 부족(장애물). 밤 10시 이후 주방에 들어가지 않기, 매일 아침 30분 일찍 일어나 빠르게 걷기, 주말마다 식사 계획을 세우고 건강식 준 비(계획).

꾸준히 외국어 공부를 하고 싶은 경우

6개월 안에 스페인어로 기본적인 대화하기(바람). 스페인 여행 시 현지인과 소통하고, 문화를 더 깊이 이해하며, 자기 계발 성취감 얻 기(결과). 일정한 학습 시간 확보의 어려움, 발음 연습 부족, 동기 유 지의 어려움(장애물). 매일 아침 출근길에 20분씩 스페인어 팟캐스 트 듣기, 주 2회 온라인 스페인어 회화 수업 참여하기, 스페인어 학 습 앱으로 매일 10분씩 단어 공부하기(계획).

창업 준비가 목표인 경우

1년 내에 온라인 쇼핑몰 창업하기(바람). 경제적 자유, 자신의 아 이디어를 실현하는 성취감, 유연한 근무 환경 조성(결과). 초기 자금 부족, 전문 지식 부족, 시간 관리의 어려움(장애물). 매주 200만 원씩 저축해 초기 자금 마련, 주 3회 2시간씩 온라인 마케팅 강좌 수강, 현재 직장 퇴근 후 매일 2시간씩 비즈니스 계획 수립에 투자, 주말마다 동종 업계 선배 창업자와 멘토링 세션 갖기(계획).

WOOP 전략은 단순한 소망을 넘어 구체적인 목표와 그 결과를 상상하고 현실적인 장애물을 인식한 후 구체적이고 실천 가능한 계획을 제시해 주는 가이드 역할을 한다. 이는 긍정적 결과를 상상함으로써 동기를 강화해 주고 장애물을 미리 인지해 더 현실적인 계획을 세우게 도와준다.

이들 전략은 소망에서 계획까지 체계적으로 사고하도록 유도해 주는 장점이 있고, 나아가 단순한 긍정적 사고와 목표 설정을 넘어 실제로 실현 가능한 계획을 수립하고 실행할 수 있게 한다.

인지하라

스스로 만든 착각에서 벗어나는 법

실패를 반복하게 만드는 자기 합리화

　실패하는 사람들은 자신의 행동 패턴을 객관적으로 바라보지 못한다. 심지어 내가 나를 잘 파악하고 있다고 착각하는 경우도 부지기수다. 게다가 실패의 원인을 자신의 능력 부족이나 외부 환경으로 돌려 버리기도 한다. 이런 태도는 패턴 수정의 기회를 놓치게 만들고 부정적인 패턴을 내일도 모레도 똑같이 반복하게 만든다. 그런 사람들은 '나는 원래 의지력이 약해서 그래', '이런 회사 환경에서는 누구라도 성공할 수 없어' 같은 말을 습관적으로 되뇌인다. 실패자들은 자신의 생각, 감정, 행동, 그리고 성장 패턴을 제대로 인지하지 못한다. 자기 관찰의 부족이 아니라, 깊이 뿌리박힌 심리적 방어 메커니즘의 결과다.

한 수강생은 10년 동안 다섯 곳의 회사를 옮겨 다녔다. 항상 비슷한 이유로 퇴사를 했지만 '회사가 나를 이해하지 못한다'라며 퇴사를 반복했다. 그는 자신의 의사소통 방식이나 업무 스타일에 문제가 있을 수 있다는 생각은 꿈에도 하지 못했다. 대신 모든 책임을 회사와 동료들에게 돌릴 뿐이었다.

우리는 스스로의 신념, 태도, 행동의 불일치를 경험할 때 심리적 불편함을 느낀다. 이 불편함을 해소하기 위해 자연스럽게 현실을 왜곡하거나 자기 합리화를 하게 된다. 실패자들은 이 과정에서 스스로의 패턴을 객관적으로 바라보는 대신 외부 요인을 탓하는 데 집중한다. 우리에게는 자기를 보호하려는 본능이 있기 때문이다. 나의 결점이나 실수를 인정하는 것은 자존감을 떨어뜨릴 수 있기 때문에 무의식적으로 이를 피하려고 애쓰는 것이다.

믿고 싶은 대로 믿게 하는
방어 기제

인간의 마음은 필터와도 같다. 우리는 세상을 있는 그대로 보는 것이 아니라 우리가 믿고 싶은 방식대로 바라본다. 이것이 바로 우리의 뇌가 작동하는 교묘한 방식이다.

한 젊은 직장인은 실패할 때마다 "윗사람과의 인맥이 부족해서", "운이 없어서"라고 변명하기 일쑤였다. 하지만 작은 성과를 이룰 때면 "내 능력 덕분"이라고 자부했다. 우리는 모두 이런 식으로 자아를 보호하는 정교한 방어 기제를 갖고 있다.

우리의 뇌는 신문사의 편집장처럼 행동한다. 자신의 생각을 지지하는 정보는 대문짝만하게 실어 내고, 불편한 진실은 지면 구석에 몰아넣거나 아예 삭제해 버린다. 이런 선택적 지각은 우리를 안전하게 지켜 주는 것처럼 보이지만, 사실은 성장의 족쇄가 되곤 한다.

변화는 오래 신던 구두를 벗고 새 신발을 신는 것처럼 불편하다. 그래서 많은 이가 현재의 익숙한 패턴을 고수한다. 불완전하더라도 편안한 현재가, 불확실하지만 발전적인 미래보다 매력적으로 보이는 것이다. 이는 누구의 잘못도 아니다. 다만 이런 패턴에 갇힌 이들은 점차 자신을 환경의 피해자로 여기게 된다. 실패의 책임을 외부로 돌리며, 같은 실수와 패턴을 반복하고, 성장의 기회를 놓치는 악순환이 시작된다. 그들의 인생은 한 곡만 반복 재생되는 플레이리스트처럼 변해 간다. 진정한 성장은 이러한 자기기만의 안개를 걷어 내는 것에서 시작된다. 불편한 진실을 직시하고, 실패의 진짜 원인을 찾아내며, 변화의 불확실성을 받아들이는 용기. 그것이 바로 성공으로 가는 첫걸음이다.

패턴은 우리의 삶을 강력하게 지배한다. 이 패턴의 영향력은 우리가 상상하는 것 이상으로 강력하게 작용한다. 반복된 생각과 행동은 실제로 뇌의 신경 회로를 강화한다. '내가 어떻게 해', '네까짓 게?', '나는 실패할 거야' 같은 부정적인 자기 대화는 실패의 패턴을 강화한다.

인지 행동 관점에서 볼 때 우리의 생각은 감정과 행동에 직접적으로 영향을 끼친다. 부정적 자기 대화는 불안감과 우울감을 높이고,

이는 다시 회피 행동으로 이어진다. 그러다 보면 실행 과정에서 발생할 수 있는 문제들을 과대평가하며 시작 자체를 주저하기도 한다. 이는 또 미루기로 이어진다.

한 수강생은 과거 건강 문제로 다이어트가 꼭 필요한 상황이라 다이어트를 결심했지만, 시작하기 전부터 '운동하다가 다치면 어쩌지?', '식단을 조절하다가 건강을 해치면 어떡하지?'라는 걱정에 사로잡혔다. 결국 그녀는 다이어트를 시작조차 하지 못했고, 건강 상태는 더욱 악화되었다. 과도한 완벽주의는 실행을 어렵게 만든다.

우리는 살면서 다양한 감정을 느낄 것이라고 생각하지만, 실제로는 비슷한 감정을 반복적으로 경험하며 살아간다. 반복된 감정 경험은 뇌의 편도체를 통해 강화된다. 특정 상황에서 같은 감정 반응을 자동적으로 일어나게 만든다. 실패의 패턴을 깨기 위해서는 먼저 자신의 패턴을 인식하는 것이 중요하다. 단순히 관찰하는 것을 넘어, 깊이 뿌리박힌 생각과 감정의 흐름을 이해하는 과정이다. 자기 인식, 긍정적 자기 대화, 행동의 시작, 그리고 감정 관리는 성공으로 가는 첫걸음이 될 것이다.

내가 나에게 붙이는
잘못된 꼬리표

오늘 하루 어떤 일이 있었는지 되돌아보는 시간을 갖고 있는가? 우리는 생각을 행동으로 실행하며 반복되는 문제나 실패를 경험한다. 직장에서의 성과 부진, 인간관계 갈등, 건강 문제 등 다양한 형태의 어려움이 있다. 아침에 일어나서 밤에 잠들기까지 하는 수많은 선택이 무의식적으로 이뤄진다면 우리는 그날의 경험으로부터 무엇을 배울 수 있을까?

인지는 우리의 선택과 행동을 의식적으로 분석하는 것을 의미한다. 우리는 인지하는 과정에서 나의 행동을 이해하고 개선하고 수정할 수 있다. 어두운 방에서 길을 찾고 있다고 상상해 보자. 아무리 손을 더듬어도 어디로 가야 할지 모른다면 얼마나 답답할까? 인지하지 못하는 삶은 어두운 방에서 길을 찾는 것과 같다. 반대로 나를 인지하는 것은 방 안의 불을 켜는 것과 같다. 방 안의 불을 켜면 주변을 볼 수 있고 어디로 가야 할지 목표가 뚜렷해진다. 이처럼 인지는 우리의 삶에 빛을 비추는 역할을 한다.

그렇다면 우리는 무엇을 인지해야 할까? 실행 오류를 교정하기 위해서는 우리가 매일 반복적으로 행하는 감정 패턴, 생각 패턴, 행동 패턴을 인지해야 한다. 또 실행 오류를 교정한 후 실행을 지속해 나가기 위해서는 우리의 성장을 인지해야 한다. 하지만 인지에 대해 정확하게 알아보기 전에 먼저 주의할 점을 알아야 한다.

나를 제대로
인지하기 위한 2가지 방법

실행이 어려운 많은 사람을 돕는 일을 하다 보면 매몰된 관점을 갖고 있는 사람들이 정말 많다는 사실을 알 수 있다. 인생은 한순간이 아닌 연속, 즉 스펙트럼이라는 것을 알아야 하는데 그들은 한 포인트에 매몰되고 집중한다. 무엇 하나를 얕게라도 알게 되면 그 지식이 내가 아는 전부가 되고 나의 세상이 된다.

인지에서도 그런 현상이 나타난다. 우리는 자기 인지 과정에서 종종 스스로에게 새로운 낙인이나 꼬리표를 붙이는 실수를 한다. 이것은 우리의 성장을 제한하는 새로운 틀이 된다. 예를 들어 특정 상황에서 자주 느끼는 감정을 분석하다 보면 "나는 항상 부끄러움을 타는 사람이야", "나는 스트레스를 잘 못 견디는 사람이야", "나는 결단력이 없는 사람이야"라고 생각하기 쉽다. 이런 생각들은 우리의 행동과 감정을 고정된 것으로 인식하게 만들어 변화의 기회를 놓치게 한다. 그렇다면 어떻게 건강한 자기 인식에 도달할 수 있을까?

관찰

감정이나 행동을 판단하지 않고 관찰하는 연습을 하자. '나 지금 화가 나'라고 인식하는 것은 '나는 화를 잘 내는 사람이야'라고 낙인찍는 것과는 확연히 다르다. 이런 관찰은 나에 대한 인지력을 높이면서도 부정적인 자기 규정을 피할 수 있게 한다.

유연한 사고

나를 한 가지 방식으로 정의하지 않고, 다양한 면에서 바라보는 유연한 사고가 필요하다. '나는 항상 부끄럼을 타'라고 생각하는 대신 '가끔 부끄럼을 타지만, 자신감 있게 행동하는 순간도 없는 건 아냐'라고 생각하는 것이다. 유연한 사고는 다양한 측면에서의 자기 이해를 돕는다.

자기 인지는 단순히 나를 아는 것에 그치지 않는다. 이는 지속적인 성장과 발전의 핵심 요소다. 낙인을 피하면서 건강한 방식으로 자기를 인식하는 것은 우리의 실행력을 높이고 더 나은 삶을 만들어 가는 데 중요한 역할을 한다.

꾸준히 하는데도
성과가 저조한 이유

운동을 결심한 한 수강생은 새해 결심으로 복근을 만들기로 했다. 그는 매일 헬스장에 가서 2시간씩 열심히 운동했다. 하지만 자신의 체중, 근육량, 식단 등을 전혀 기록하지 않았고, 운동도 체계적으로 하지 않았다. 6개월이 지났을 때도 여전히 눈에 띄는 변화를 느끼지 못했다. 그는 자신이 어떤 운동에서 향상되었는지, 어떤 부분이 부족한지 알지 못했고, 결국 동기를 잃어 헬스장 출석률이 급격히 떨어졌다.

자기 피드백과 모니터링 없이 무작정 실행만 하다 보면 결국 좌절감을 느끼고 포기하기 쉽다. 우리가 흔히 빠지는 '단순한 실행'의 함정이다. 이 함정에 빠지면 문제가 발생한다. 실행 상황을 객관적으로 파악하지 못하고(객관성 상실), 나에게 맞는 효과적인 방법과 비효과적인 방법을 구분하지 못하며(효율성 저하), 개선이 필요한 영역을 발견하지 못하고(개선 기회 상실), 작은 성취와 성장들을 인지하지 못해 스스로를 인정하고 칭찬할 기회를 놓친다(성취 인식 부족).

이런 문제들이 쌓이면 결국 꾸준히 실행하기가 어려워지고 목표는 더 멀어지게 된다. 목표 달성을 위해서는 단순히 실행만 하는 것이 아니라 스스로 진행 상황을 꾸준히 점검하고 그에 따라 전략을 조정하는 과정이 꼭 필요하다. 이를 셀프 모니터링이라고 한다.

객관적인 데이터가
성취율을 복리로 올린다

셀프 모니터링을 하는 방법은 다음과 같다. 매일 또는 매주 정해진 시간에 자신의 진행 상황을 점검하거나(정기적인 체크인), 가능한 한 객관적인 데이터를 사용해 진행 상황을 측정하고(데이터 추적), 느낀 점, 어려웠던 점, 배운 점 등을 정기적으로 기록하며(저널링), 모니터링 결과를 바탕으로 계획을 조정한다(피드백 루프 만들기).

셀프 모니터링 과정에서 중요한 것 중 하나는 자신의 성취를 인정하고 칭찬하는 것이다. 아무리 작은 성장이라도 그것을 인식하고 축하하는 습관은 장기적인 실행에 큰 도움이 된다. 매일의 작은 성취들을 기록하고 축하하며, 자신의 노력과 성장에 대해 감사하는 마음을 표현하고, 내적 대화를 통해 자신을 격려하고 지지하자.

매일 저녁 일기를 쓰며 스스로에게 던지는 작은 질문이 때로는 거대한 변화의 시작점이 된다. 하버드대학교 경영대학원 심리학 교수 테레사 에머빌과 스티븐 크레이머는 《전진의 법칙》에서 자기 성찰의 힘을 과학적으로 증명해 냈다. 직장인들이 자신의 작은 성장을 인식한 날에는 창의성이 230%, 생산성이 180% 향상되었다는 것이다. 운동선수가 자신의 기록을 매일 체크하며 동기를 얻는 것처럼, 우리의 뇌도 성취를 확인할 때 더 강력하게 작동한다. 오늘 하루 새로운 엑셀 함수를 하나 익혔다는 작은 깨달음이 내일은 더 복잡한 데이터 분석에 도전하게 만드는 원동력이 된다. 마치 도미노처럼 하나의 작은 성취가 다음 성취를 이끄는 것이다.

성장을 기록하는 것은 등산할 때 고도계를 보는 것과 같다. 숫자로 표현된 자신의 위치는 지금까지 얼마나 왔는지, 앞으로 얼마나 더 갈 수 있는지를 명확하게 보여 준다. 이런 객관적 기록이 장기적 성공의 핵심 요소다.

특히 주목할 만한 점은 성장의 크기가 아닌, 성장을 인식하는 빈도의 중요성이다. 작은 걸음이라도 매일 전진하는 것이 가끔 큰 도약을 이루는 것보다 더 효과적이라는 것이다. 마치 복리 이자처럼 작은 성장이 쌓이고 쌓여 큰 변화를 만들어 내는 것이다.

당신의 스마트폰에 수십 개의 앱이 있다면, 그중 하나는 반드시 성장을 기록하는 도구로 사용하라. 일기장이 될 수도 있고, 간단한 메모장이 될 수도 있다. 중요한 것은 당신의 발자국을 남기는 것이다. 그 기록들이 모여 당신만의 성공 지도가 될 것이다.

실행을 방해하는
무의식과 고정 관념

문제가 있음에도 전혀 인식하지 못하는 사람들을 본 적이 있는가? 이런 사람들은 자신이 왜 성공하지 못하는지 이해하지 못한다. 원인을 찾지 않고 문제를 해결하려는 시도는 헛수고에 불과하다.

자신의 문제를 인식하지 못하는 이유 중 하나는 '자기 합리화'다. 우리는 자신의 행동을 정당화하기 위해 다양한 변명을 댄다. "시간이 없어서 못 했어", "다음 주부터 시작할 거야" 같은 말들이다. 이런 변명은 우리를 일시적으로 편안하게 해 주지만, 결국 문제를 근본적으로 해결하지는 못한다.

또 다른 이유는 '자기 인식 부족'이다. 우리는 종종 자신의 행동 패턴을 제대로 인식하지 못한다. 예를 들어 계속해서 일을 미루는 습관이 있음을 인식하지 못하면 스스로를 '게으른' 사람으로 낙인찍게 된다. 그러나 실제로는 자기 관리 방법을 모른다거나, 완벽주의에 빠진 것일 수도 있다. 즉 실행이 어려운 것은 단순히 의지의 문제가 아니다.

사람마다 성향, 기질, 양육 방식이 다르듯 실행이 어려운 이유도 크게는 심리적, 환경적, 신경 과학적으로 달라질 수 있다. '목표를 달성할 수 있다'는 스스로의 신념이 부족한 경우, 완벽주의 성향이 있는 경우, 높은 수준의 불안과 스트레스를 동반한 경우, 각종 환경적 요소, 뇌의 보상 시스템, 집중력 차이, 인지 과부하, 목표의 문제, 계획의 문제 등 다양하다. 문제는 나의 고정 관념이 '실행이 어려운 것은 나의 의지 부족이야'라고 정의 내릴 때가 많다는 것이다.

한 30대 수강생은 1년 전부터 운동을 시작하겠다고 마음먹었지만 번번이 실패했다. 항상 '내일부터 시작해야지'라고 생각했지만, 그 '내일'은 결코 오지 않았다. 어느 날 그는 자신의 내면의 목소리에 귀를 기울여 보기로 했다. 그는 운동을 시작하려고 할 때마다 떠오르는 생각들을 노트에 적어 봤다. 며칠 후, 그는 놀라운 패턴을 발견했다. '너무 피곤해', '날씨가 안 좋아', '내일 더 열심히 해야지' 등의 변명이 반복되었다. 기억을 되짚어 본 결과, 학창 시절 체육 수업 시간의 불편한 기억들이 무의식 중에 영향을 미치고 있었다. 게다가 그는 운동의 즉각적인 효과를 기대하고 있었다.

이런 인지를 바탕으로 그는 새로운 접근법을 시도했다. '우선 오늘 5분만 운동하자'라는 작은 목표를 세웠다. 즐거운 운동 경험을 만들기 위해 좋아하는 음악을 들으며 운동했고, 운동 후의 상쾌함을 일기에 기록하며 긍정적인 연관성을 만들었다. 한 달 후, 그는 주 3회 30분씩 운동하는 습관을 갖게 되었다. 그는 미소 지으며 말했다.

"내 마음속 소리를 들어 보니, 무엇이 나를 방해하는지 알게 되었어. 그리고 그것을 극복하는 방법도 찾았지!"

지금 머리에 떠오르는 그 생각이
당신을 지배하고 있다

우리는 실행력을 높이기 위해서 무엇을 인지해야 할까? 매일 생각만 하고 실행을 못해서 자책하는 사람, 바로 '나 자신'에 대해 먼저 인지해야 한다. 나를 인지하는 것은 왜 중요할까? 실행이 안 되는 원인과 이유가 내 안에 있기 때문이다. 나를 구성하고 있는 상황, 생각, 감정을 인지하는 것이 중요하다. 나의 머릿속에 또 다른 나를 두고 객관적으로 나를 관찰하는 것이다.

자기 이해는 실행력을 높이는 근본적인 힘이다. 어떤 상황에서 어떤 실행을 하기로 했을 때 만약 '하기 싫어', '5분 뒤에 할까?' 같은 저항감이나 반발감이 올라온다면 이때 내가 느끼는 감정, 머리에 드는 생각, 실제로 움직이는 행동을 자세히 살펴봐야 한다. 이는 단순히 문제를 인식하는 것을 넘어 해결책을 찾는 과정에 필수적이다.

내 안에 새겨진 패턴은 나를 은밀하게 조종한다. 매일 아침 스마트폰을 집어 드는 손짓, 퇴근 후 소파에 널브러지는 자세, 스트레스를 받을 때마다 달콤한 디저트를 찾는 행동까지. 우리는 매일 수백 개의 작은 자동화된 행동들에 이끌려 살아간다. 하지만 이 무의식의 지휘자를 의식의 빛으로 비추지 않으면 우리는 영원히 같은 곡만 반복한다.

인지는 변화의 첫걸음이다. 의사가 정확한 진단 없이 처방을 내릴 수 없듯, 우리도 문제의 근원을 이해하지 못한 채 해결책을 찾을 수는 없다. 그렇다면 어떻게 이 인지의 렌즈를 더 선명하게 만들 수 있을까? 가장 효과적인 도구는 바로 셀프 피드백이다. 매일 저녁 5분, 나만의 '마음의 거울'을 들여다보는 시간을 가져 보자. 오늘 하루 나를 멈추게 하고 또 움직이게 한 것은 무엇이었나?

자기 대화는 단순한 일기가 아니다. 그것은 당신의 행동 패턴을 해독하는 암호 해독기이자, 변화의 지도를 그리는 나침반이다. 내 안에 보이지 않는 지휘자를 마주하고, 새로운 곡을 쓸 용기를 주는 것, 그것이 바로 인지의 힘이다.

자신을 사랑하는 마음이 인지를 왜곡한다

대학교 2학년인 한 수강생은 학업 성적이 우수했지만, 발표만 하면 극도의 불안감을 느꼈다. 그녀는 이 문제를 혼자 해결해 보려 노력했지만 번번이 실패했다. 어느 날 그녀는 용기를 내 친한 친구 세 명에게 자신이 발표할 때 어떤 모습인지 물어보며 도움을 요청했다. 친구들의 피드백은 다음과 같았다.

"발표를 시작할 때 목소리가 너무 작아서 거의 들리지가 않아."
"청중과 눈을 맞추지 않고 PPT 화면만 보고 있어서 혼자 말하는 것 같아."
"내용은 좋은데, 너무 빨리 말을 해서 따라잡기가 어려워."

그녀는 예상하지 못한 답변에 당황했지만, 곧 이것이 자신을 개선할 수 있는 좋은 기회라고 생각했다. 그녀는 나름파 깊은 계획을 세웠다.

매일 아침 큰 소리로 책 읽기.

거울을 보며 발표를 연습하고, 점차 가족 앞에서 연습하기.

발표 속도 조절을 위해 타이머 사용하기.

한 학기 동안 이를 실천한 결과, 그녀의 다음 발표는 놀랍게 변했다. 교수는 발표를 높이 평가했고, 동기들도 그녀의 자신감 있는 모습에 감탄했다. 그들의 솔직한 피드백 덕분에 그녀는 약점을 강점으로 바꿀 수 있었다.

우리는 늘 자신을 바라보고 있지만, 그 모습이 얼마나 정확한지는 알 수 없다. 그 이유는 놀랍게도 우리가 자신을 너무 사랑하기 때문이다. 부모가 자식의 단점을 보지 못하는 것처럼 우리도 자신에 대해서는 맹목적인 사랑에 빠지기 쉽다. '난 왜 이렇게 부족할까', '이번에도 실패했어'라며 자책한다. 하지만 역설적으로 이런 자책마저도 사랑의 다른 표현이다. 더 나은 내가 되길 바라는 간절한 애정이 그 이면에 숨어 있다.

부모가 자녀의 성장을 위해 엄격해지는 것처럼 우리의 내면에도 '더 성장하고 싶은 나'와 '현재의 나'를 사랑하는 마음이 공존한다. 결국 자기비판도 자기애의 다른 얼굴인 셈이다.

좋은 피드백은
나의 상황을 직시하게 한다

나를 인지한다는 것은 어두운 방에서 거울을 보는 것과 같다. 어두운 방에 내가 있고 손에는 작은 손전등이 있다. 앞에는 큰 거울이 놓여 있고 손전등을 비춰 거울을 보려고 하는 상황이다. 우리는 손전등 빛이 닿는 부분만 볼 수 있고(나에 대해 알고 있는 정보의 한계), 손전등 위치에 따라 그림자가 생겨 나의 모습을 왜곡하고(주관적 편견이 인지를 왜곡할 수 있음), 등 뒤나 머리 위처럼 손전등 빛이 닿지 않는 부분은 전혀 보이지 않고(자기 인식은 항상 불완전함), 거울 앞에 서 있는 나의 위치를 객관적으로 볼 수 없다(자신의 전체적인 상황이나 맥락을 완전히 이해하기 어려움).

타인의 피드백과 관점은 인지력 향상에 정말 중요한 역할을 한다. 결국 나를 인지하는 것은 혼자만의 노력으로는 한계가 있다. 누구나 자신을 객관적으로 보지 못하는 블라인드 스폿이 존재한다. 타인의 피드백은 이런 사각지대를 발견하고 개선할 수 있게 한다. 사람들은 각자 다른 경험과 관점을 갖고 있고, 이들의 피드백을 통해 우리는 다양한 시각을 얻을 수 있다. 친구, 가족, 동료 등 주변 사람들에게 피드백을 받아 보자. 예를 들어 고치고 싶은 어떤 부분이 있다면 이에 대한 나의 태도, 생각, 말 등 외부적으로 보이는 것에 대한 구체적인 느낌을 들어 보는 것이다.

인지력이 약한 사람들은 매일 계획은 세우지만 계획을 반복적으로 지키지 못해서 쌓이고 밀리는 경우가 많다. 즉 현실적이지 않거나 구체적이지 않은 목표를 설정한다. 다이어트를 시작하면서 구체적인 식단이나 운동 계획 없이 '한 달에 10킬로그램 감량'이라는 막연한 목표를 세우는 것이다. 이렇게 되면 결국 체중 감량에 실패하기도, 좌절하기도 쉽다.

시간을 효율적으로 관리하지 못해 업무나 과제의 마감일을 놓치는 경우는 비일비재하다. 따라서 객관적 인지를 위해서는 지속적으로 자기를 관찰하고 타인에게 피드백을 받아야 한다. 자신의 행동 패턴과 사고방식을 끊임없이 모니터링하고, 동시에 신뢰할 수 있는 사람들로부터 피드백 받는 태도를 기르는 것이 중요하다. 이를 통해 자신의 강점과 약점을 더 명확히 파악하고, 개선이 필요한 영역을 식별할 수 있다.

또한 자신의 목표와 계획을 현실적이고 구체적으로 설정하는 능력을 키워야 한다. 작은 성취를 통해 자신감을 쌓고, 점진적으로 더 큰 목표를 향해 나아가는 전략을 세우는 것이 효과적이다. 결국 객관적 인지와 실천 계획 수립은 개인의 성장과 발전을 위한 필수적인 요소다. 지속적으로 피드백을 수용하는 과정은 개인의 성공적이고 효과적인 삶을 위해 모든 이에게 중요한 과제다.

간혹 피드백을 비난이나 비판이라고 오해하는 경우가 있다. 비난, 비판, 피드백은 모두 다른 사람이나 상황에 대한 의견을 표현하는 방식이지만 그 목적과 방법에서 차이가 있다. 비난은 주로 부정적이고 공격적인 태도로 상대방의 잘못을 지적하는 것이다. 이는 건설적인 목적보다는 상대방을 탓하거나 책임을 전가하는 데 초점을 맞추며 감정적이고 주관적인 경향이 있다. 예를 들어 "너는 항상 이런 식이야. 네 잘못 때문에 모든 게 망했잖아!"라고 말하는 것이 비난의 예시다.

비판은 어떤 대상이나 행위에 대해 장단점을 분석하고 평가하는 것이다. 객관적이고 논리적인 근거를 바탕으로 하며, 부정적인 면을 지적할 수 있지만 비난과는 다르다. 건설적일 수 있지만, 때로는 부정적으로 받아들여질 수 있다. "이 정책은 단기적으로는 경제 성장에 도움이 될 수 있지만, 장기적으로 볼 때 환경 문제를 악화시킬 가능성이 있습니다. 따라서 환경 영향 평가를 더 철저히 실시한 후 정책을 수정할 필요가 있습니다"라고 말하는 것이 비판의 예시다.

반면 피드백은 개선을 목적으로 하는 정보나 의견을 제공하는 것이다. 긍정적이거나 부정적일 수 있지만, 주로 건설적인 목적을 가지며 구체적이고 객관적인 관찰에 기반을 둔다. 상대방의 성장과 발전을 돕는 것이 주목적이다. "이번 프로젝트에서 당신의 아이디어는 창의적이었습니다. 다만 일정 관리 면에서 개선이 필요해 보입니다. 다음에는 중간 점검 일정을 더 자주 잡아 보는 것은 어떨까요?"라고 말하는 것이 피드백의 예시다.

세 가지 표현 방식의 주요 차이점은 목적, 태도, 그리고 결과에 있다. 비난은 책임 전가에, 비판은 평가에, 피드백은 개선에 중점을 두며, 각각 주로 부정적, 객관적, 건설적인 태도를 보인다. 또한 비난은 관계를 해칠 수 있고, 비판은 이해를 높일 수 있으며, 피드백은 성장을 촉진한다는 점에서 그 결과도 다르다.

효과적인 피드백을 하기 위해서는 피드백을 하는 사람에게도 일정한 조건이 필요하다.

첫째, 대상에 대한 충분한 정보를 갖고 있어야 한다. 피상적인 관찰이나 부족한 정보를 바탕으로 한 피드백은 오히려 해가 된다.

둘째, 피드백의 본질적인 개념을 이해해야 한다. 무조건적인 비난이나 개선점만을 나열하는 것은 진정한 피드백이 아니다. 효과적인 피드백은 긍정적인 측면과 개선이 필요한 부분을 균형 있게 다루며, 건설적인 제안을 포함한다.

셋째, 공감 능력과 객관성을 갖춰야 한다. 상대방의 입장을 이해하고 존중하는 태도로 피드백을 전달하며, 동시에 개인적인 감정이나 편견에서 벗어나 객관적인 시각을 유지해야 한다.

넷째, 피드백의 목적이 상대방의 성장과 발전에 있음을 명확히 인식해야 한다. 잘못을 지적하는 것이 아니라, 상대방이 더 나은 방향으로 나아갈 수 있도록 돕는 것이 진정한 피드백이라고 할 수 있다.

다섯째, 피드백을 주는 시기와 방법에 대한 판단력이 필요하다. 적절한 시기에, 상대방이 받아들일 수 있는 방식으로 피드백하는 것이 중요하다.

이런 조건들을 갖춘 사람의 피드백은 개인의 성장과 발전에 큰 도움이 된다. 따라서 단순히 피드백의 횟수나 양을 늘리는 것에만 집중할 것이 아니라, 피드백은 주는 사람의 자질까지 함께 고려해야 한다. 이를 통해 피드백이 진정한 성장의 도구로 활용될 수 있으며, 긍정적인 변화를 가져올 수 있다.

왜곡의 함정을 피하는
10가지 체크 포인트

우리의 마음은 복잡한 미로와 같다. 우리는 종종 잘못된 길을 선택하고, 그 결과 불필요한 고통을 겪게 된다. 이런 잘못된 선택의 근원에는 인지 왜곡이라는 함정이 도사리고 있다. 인지 왜곡은 현실을 다르게 인식시키고 잘못된 결론으로 이끈다.

정신과 의사 에런 벡은 '인지 행동 치료'를 통해 이 미로를 탐험하는 방법을 제시했다. 그의 이론은 '우리의 생각이 감정과 행동에 영향을 미친다'는 간단하면서도 강력한 개념에 기초한다. 이는 도미노 효과와 같아서, 왜곡된 생각이 연쇄적으로 부정적인 감정과 행동을 불러일으킨다.

예를 들어 한 직장인이 중요한 프레젠테이션을 앞두고 있다고 가정해 보자. "나는 이번에도 실수할 거야. 모두가 나를 비웃을 거야"라는 생각이 들면(인지), 불안감이 높아지고(감정), 결국 발표를 회피하거나 제대로 준비하지 않는 행동으로 이어질 수 있다. 이는 '파국화'라는 인지 왜곡의 전형적인 예시다. 우리는 일상에서 어떻게 인지 왜곡을 겪을까?

마음 읽기

흐린 창문을 통해 밖의 상황을 정확히 파악하려는 것처럼 타인의 생각을 근거 없이 추측한다. '그 사람이 나를 쳐다보지 않는 걸 보니 나를 싫어하는 게 분명해', '상사가 내 의견을 물어보지 않는 걸 보면 내 능력을 의심하고 있는 거야' 같은 생각이다.

파국화

작은 구름을 보고 폭풍우가 올 거라고 확신하는 것과 같다. 최악의 시나리오를 상상하고 그 일이 실제로 일어날 것이라고 믿는다. '발표에서 실수하면 모두가 나를 비웃고 직장에서 쫓겨날 거야', '이 증상은 분명 심각한 병의 징후일 거야' 같은 생각이다.

개인화

모든 일의 중심에 자신을 두는 것으로, 자신과 관련 없는 사건을 개인적 책임으로 본다. '팀 프로젝트가 실패한 건 전적으로 내 잘못이야', '친구가 우울해 하는 건 내가 뭔가 잘못해서 그런 거야'라는 사고가 예다.

당위적 진술

융통성 없는 규칙이나 기대를 설정하는 것으로, 모든 상황에 적용되는 절대적인 법칙을 만든다. '나는 항상 모든 사람을 만족시켜야 해', '실수는 절대로 용납될 수 없어' 같은 생각이다.

감정적 추론

감정을 사실로 받아들이는 것으로, 감정이 현실을 그대로 반영한다고 믿는 것과 같다. '불안한 걸 보니 뭔가 잘못될 게 분명해', '지금 외롭게 느껴지는 걸 보니 아무도 나를 사랑하지 않는 게 틀림없어' 같은 생각이다.

긍정적인 것 무시하기

어두운 점 하나에 집중해 전체 그림의 아름다움을 놓치는 것과 같다. '칭찬을 받았지만, 그건 그 사람이 친절해서 그런 거야. 나는 여전히 형편없어', '승진했지만, 그건 운이 좋았을 뿐이야. 내 실력은 여전히 부족해' 같은 생각이다.

확대와 축소

돋보기로 부정적인 면만 확대하고 긍정적인 면은 축소하는 것과 같아 부정적인 것은 과대평가하고 긍정적인 것은 과소평가한다. '실수 하나 때문에 모든 걸 망쳤어. 저번 성공은 그저 운이 좋았던 거야' 같은 생각이다.

레이블 붙이기

한 장의 사진으로 전체 앨범을 판단하는 것으로, 한 가지 특성이나 행동을 바탕으로 전체를 정의한다. '시험에 떨어졌어. 나는 실패자야', '나는 거짓말을 했어. 나는 나쁜 사람이야' 같은 생각이다.

이분법적 사고

세상을 흑과 백으로만 보는 것과 같다. 한 학생이 시험에서 B를 받고 '나는 실패자야'라고 생각한다면, 이는 성공과 실패 사이의 다양한 스펙트럼을 보지 못하는 것이다.

과잉 일반화

한 번의 부정적 경험을 모든 상황에 적용하는 오류로, 한번 비가 와서 모든 날이 우울할 거라고 예측하는 것과 같다. 한 번의 데이트 실패 후 '나는 영원히 혼자일 거야' 같은 생각이다.

인지 왜곡을 교정하면
세상을 더 현실적으로 바라볼 수 있다

이런 인지 왜곡은 우리의 사고를 왜곡시키는 렌즈나 필터와 같아서 현실을 있는 그대로 보지 못하게 한다. 이를 인식하고 교정하는 과정은 왜곡된 거울을 바로잡는 작업과 같다. 이를 통해 우리는 더 현실적이고 균형 잡힌 시각으로 세상을 바라볼 수 있다.

인지 왜곡을 극복하는 과정은 정원을 가꾸는 것과 같다. 먼저 자신의 사고 패턴이라는 잡초를 인식하고, 그것이 현실적이고 합리적인지 검증하는 제초 작업이 필요하다. 그리고 더 건강하고 적응적인 사고방식이라는 꽃을 심고 가꾸어 나가는 것이다.

이런 접근은 개인의 정신 건강 정도를 개선하는 데 그치지 않는다. 그것은 대인 관계의 개선으로 이어져 마치 잘 가꿔진 정원이 이웃들과의 관계를 좋게 만드는 것과 같다. 직장에서의 성과 증진은 이 정원에서 수확한 과실과 같으며, 전반적인 삶의 질 향상은 이 아름다운 정원에서 느끼는 만족감과 같다.

우리 모두는 때때로 인지 왜곡의 함정에 빠진다. 그러나 이를 인식하고 극복하려는 노력을 통해, 우리는 성장으로 나아가는 더욱 현실적인 사고방식을 개발할 수 있다. 미로에서 올바른 길을 찾아가는 과정과 비슷하다. 때로는 어렵고 혼란스러울 수 있지만, 끊임없는 노력과 연습을 통해 우리는 결국 출구를 찾아 더 넓고 밝은 세상으로 나아갈 수 있을 것이다.

사고방식과 행동을 결정하는 3가지 요소

우리는 의사 결정 과정에서 합리화, 유연함, 직관은 항상 줄다리기를 한다. 이 세 가지는 우리의 행동과 사고방식에 큰 영향을 미치는 중요한 요소들이다.

합리화

자신의 행동이나 실패를 정당화하기 위한 것으로, 거울 앞에서 자신의 모습을 보고 싶은 대로 왜곡하는 것과 같다. 예를 들어 중요한 프로젝트 마감일을 앞두고 있음에도 '오늘은 특별히 피곤하니까 쉬어도 괜찮아. 내일 더 열심히 하면 돼'라고 생각하며 일을 미루는 경우가 있다. 이는 문제 인식에 전혀 도움이 되지 않으며, 현재의 본능적 욕구에 집중할 뿐이다. 합리화는 쉬운 선택을 정당화하며 책임을 회피하게 만들고, 한 번의 실패가 연속적인 세획 이탈로 이어지게 한다. 결과적으로 우리는 목표에서 멀어지게 되며, 진정한 자기 성찰이 없어 같은 문제를 반복할 가능성이 높다.

합리화는 때때로 필요한 심리적 방어 기제로 작용하기도 한다. 큰 실패 후 '이번엔 운이 없었어'라고 생각하는 것은 부상당한 운동선수가 잠시 휴식을 취하는 것과 같다. 이는 우리의 자존감을 보호하고 다시 일어설 힘을 준다. 그러나 휴식이 너무 길어지면 재기할 기회를 놓칠 수도 있다. 따라서 합리화는 일시적인 안식처로 사용하되 그곳에 영구히 머물러서는 안 된다.

유연함

변화하는 상황에 적응하고 다양한 관점을 받아들여 문제를 해결하는 능력이다. 이는 물처럼 상황에 따라 형태를 바꾸면서도 본질은 유지하는 것과 같다. 같은 직장인이 유연한 사고를 했다면 "프로젝트는 중요하지만, 내 건강도 중요해. 오늘은 일찍 자고 내일 더 일찍 일어나서 작업하는 것이 어떨까?"라고 생각할 수 있다. 유연함은 상황을 객관적으로 평가하고 장기적 목표와 현재 상황을 모두 고려한다. 창의적 해결책을 찾아 목표와 현실 사이의 균형을 맞추며, 부족한 부분을 보완하고 미래 상황에 대비한 계획을 세운다. 이를 통해 지속적인 목표 달성과 자기 개선을 이룰 수 있다.

장기적으로 유연한 사고와 행동은 우리 삶의 지평을 넓히는 열쇠가 되기도 한다. "이번 실패에서 무엇을 배울 수 있을까?"라는 질문은 자기반성을 넘어 성장의 씨앗을 뿌리는 행위다. 이는 조각가가 실패한 작품을 부수고 그 파편으로 새로운 걸작을 만드는 것과 같다. 유연함은 우리의 경험을 재해석하고 재구성해 더 나은 미래를 창조할 수 있게 한다.

직관

이성적 분석 과정 없이 즉각적으로 이뤄지는 판단으로, 번개처럼 순간적으로 떠오르는 생각이나 느낌과 같다. 예를 들어 숙련된 소방관이 화재 현장에서 순간적으로 위험을 감지하고 대원들을 대피시키는 것과 같다. 직관은 매우 정확하고 유용할 수 있지만, 때로는 편견이나 고정 관념에 영향을 받아 잘못된 판단을 할 수도 있다. 빠른 의사 결정이 필요한 상황에서 유용하지만, 복잡한 문제나 장기적인 계획에는 적합하지 않을 수 있다.

직관은 우리 내면 깊숙이 자리 잡은 지혜의 목소리다. 이는 때로 이성의 장벽을 뚫고 번개처럼 빠르게 답을 제시한다. 그러나 편견과 선입견의 목소리와 쉽게 혼동될 수 있어 주의가 필요하다. 진정한 직관은 깊은 경험과 지식이 축적된 결과물이며, 이를 키우기 위해서는 지속적인 학습과 경험의 확장이 필요하다.

세 요소는 우리의 일상생활에서 끊임없이 상호작용한다. 예를 들어 건강을 위해 매일 운동을 하기로 결심한다고 가정해 보자. 어느 날 친구에게 파티 초대를 받았을 때, 합리화하는 사람은 "오늘은 특별한 날이니까 운동을 건너뛰어도 괜찮아"라고 생각할 것이다. 유연한 사람은 "파티에 1시간만 참석하고 나머지 30분은 운동하는 것이 어떨까?"라고 대안을 찾을 것이다. 직관적인 사람은 즉각적으로 운동이 더 중요하다고 판단하고 파티를 거절할 수도 있다.

우리의 삶은 끊임없는 선택의 연속이며, 그 과정에서 합리화, 유연함, 그리고 직관은 세 명의 춤꾼처럼 복잡한 춤을 춘다. 때로는 서로 조화롭게 움직이고, 때로는 각자의 리듬을 고집하며 충돌한다. 합리화는 안전과 편안함을 추구하는 보수적인 춤꾼이며, 유연함은 새로운 동작을 시도하며 관객을 매료시키는 창의적인 무용수다. 직관은 즉흥적이고 예측 불가능한 춤으로 무대를 휘어잡는 재능 있는 프리스타일 댄서와 같다. 이들의 조화를 이루는 것이 우리의 과제다.

균형 잡힌 사고방식은
내가 사는 세상을 재창조한다

변화는 거대한 강의 흐름을 바꾸는 것과 같은 엄청난 에너지와 인내를 요구한다. 그러나 우리가 기억해야 할 점이 있다. 강물의 흐름을 바꾸는 것은 단 하나의 거대한 힘이 아니라 수많은 작은 물방울들이라는 점이다. 매일의 작은 선택, 사소한 습관의 변화가 모여 우리 삶의 대장정을 이룬다.

이 과정에서 자기 자신과의 대화는 핵심적인 역할을 한다. 우리의 내면에는 다양한 목소리가 공존한다. 비판적인 목소리, 두려워하는 목소리, 격려하는 목소리, 도전하는 목소리 등이 그것이다. 이들 간의 건설적인 대화를 이끄는 것이 중요하다. "넌 항상 실패해"라는 부정적인 목소리를 완전히 없애는 것이 아니라, 그 목소리가 주는 경고의 메시지를 듣되 "이번에는 실패했지만, 그것을 통해 배운 점이 있을 거야"라는 성장 지향적 목소리와 균형을 맞춰 보자.

균형 잡힌 사고방식은 개인의 성공과 행복을 넘어 사회와 세계의 변화를 이끄는 원동력이 된다. 현대 사회가 직면한 복잡한 문제들은 단순한 해결책으로는 극복할 수 없다. 합리화의 안정성, 유연함의 창의성, 그리고 직관의 통찰력이 조화롭게 어우러진 접근을 요구한다. 우리는 이 세 가지 요소를 오케스트라의 악기처럼 다뤄야 한다. 때로는 합리화의 부드러운 현악기 소리로 불안을 달래고, 유연함의 다채로운 관악기 소리로 새로운 가능성을 제시하며, 직관의 강렬한 타악기 소리로 긴급한 행동의 필요성을 일깨워야 한다.

우리 삶은 끊임없는 균형 잡기의 연속이다. 합리화, 유연함, 직관 사이의 균형을 잡는 것은 개인의 습관 개선을 넘어선다. 그것은 우리 자신, 우리의 관계, 그리고 우리가 살아가는 세상을 재창조하는 강력한 도구다. 이는 교향곡을 작곡하는 것과 같다. 때로는 조용한 선율이 필요하고, 때로는 격정적인 리듬이 필요하며, 때로는 예상치 못한 즉흥 연주가 필요하다.

매 순간 우리는 이 세 요소의 미묘한 균형을 조율해야 한다. 과정은 결코 완벽할 수 없으며, 끊임없는 실험과 수정이 요구된다. 바로 그 불완전함과 함께 계속되는 도전 속에서 우리는 진정한 성장과 깨달음을 경험하며 더 풍요롭고, 의미 있고, 행복한 삶을 살아갈 수 있다. 그리고 이것이 바로 더 나은 개인, 더 나은 사회, 더 나은 세상으로 가는 끝없는 여정의 본질이다.

우리 각자가 균형의 춤을 출 때, 우리는 단순히 살아가는 것이 아니라 진정으로 삶을 창조하게 된다. 창조의 과정에서 우리는 한계를 넘어서고, 타인과 깊이 연결되며, 세상을 조금씩 더 나은 곳으로 만들어 간다. 이것이 바로 합리화, 유연함, 그리고 직관의 조화가 우리에게 선사하는 궁극적인 선물이자 우리가 추구해야 할 삶의 진정한 모습일 것이다.

무책임한 낙관과 긍정은
한 끗 차이다

클라이언트로부터 로고 디자인을 의뢰받은 수강생이 있었다. 마감까지 기한은 3주가 남았지만, 그는 '영감은 언제나 마지막에 온다니까, 괜찮아'라고 생각하며 작업을 치일피일 미뤘다. 그런데 마감 3일 전에 갑작스럽게 다른 긴급 프로젝트를 전달받아 로고 작업에 집중하지 못했다. 마감 직전에 겨우 완성한 디자인을 허둥지둥 제출했지만, 클라이언트의 불만족으로 재작업을 요구받았다. 그럼에도 그는 '이번엔 운이 없었어. 다음엔 더 잘될 거야'라며 개선을 생각을 갖지 않았다.

과도한 낙관주의는 안개 속에서 운전하는 것과 같다. 앞이 잘 보이지 않는데도 '괜찮아, 잘 가고 있어'라며 속도를 높이는 것이다. 더닝

크루거 효과는 이런 인간의 아이러니한 심리를 정확히 짚어 낸다. 초보 등산객이 히말라야를 마치 뒷동산처럼 쉽게 생각하는 것처럼, 지식과 경험이 부족한 사람일수록 자신의 능력을 과대평가하는 경향이 있다는 것이다.

한 스타트업 창업자는 자기 아이디어만 믿고 시장 조사도, 경쟁 분석도 소홀히 했다. 6개월 후, 그의 회사는 문을 닫았다. 과도한 자신감이 현실적인 준비를 방해한 것이다.

물론 긍정적 사고가 나쁜 것은 아니다. 적절한 낙관주의는 인생의 엔진이 되어 준다. 하지만 과도한 낙관주의는 마치 브레이크 없는 자동차와 같다. 처음엔 빠르게 달릴 수 있지만, 결국 충돌은 피할 수 없다.

지나친 낙관주의자는 마치 로맨스 소설의 주인공처럼 모든 것이 완벽하게 풀릴 것이라 믿는다. 과거의 실패는 '운이 없었던 일'로 치부하고, 미래의 성공은 '필연적인 결과'로 확신한다. 업무 계획을 세울 때도 최상의 시나리오만 그린다. 마치 날씨 예보는 보지 않고 소풍 계획만 세우는 것처럼 말이다. 이런 사람들은 어떤 특징을 가지고 있을까?

자기 고양 편향

성공은 자신의 능력 덕분이라고 생각하고, 실패는 외부 요인 탓으로 돌린다. 이는 자존감은 지키지만 객관적인 자기 평가를 방해한다. 시험에서 좋은 점수를 받으면 자신의 능력 덕분이라 생각하고,

나쁜 점수를 받으면 시험이 너무 어려웠다고 생각한다.

즉각적 만족 추구

장기적 이익보다 단기적 만족을 선호한다. 우리는 진화적으로 즉각적인 보상에 더 민감하게 반응하도록 발달했다. 당장 휴식을 취하는 것이 더 매력적으로 느껴져 중요한 과제를 미루는 식이다.

통제 착각

실제보다 상황을 더 많이 통제할 수 있다고 믿는다. 이는 불확실성과 무력감에 대한 불안을 감소시키는 역할을 한다. "마지막 순간에 항상 잘 해결해 왔으니 이번에도 그럴 거야"라고 생각하는 경우다.

경험 부족

실제 경험의 부족으로 인해 과제의 복잡성이나 어려움을 과소평가한다. 우리는 직접적인 경험이 없으면 추상적이고 단순화된 이해에 의존하게 된다. 예비 창업자가 실제 비즈니스 운영의 복잡성을 이해하지 못하고 쉽게 생각하다 시간이 얼마 ㅋ`지나지 않아 사업을 접는 경우다.

이런 요인들이 복합적으로 작용하면 과도한 낙관주의자들은 자신의 능력을 정확히 평가하지 못하고, 과제의 난이도를 과소평가하며, 결과적으로 일을 미루거나 충분한 준비 없이 시작하는 경향을 보인다. 과도한 낙관주의로 실행이 어렵다면 스톡데일 역설에 대해 생각해 보면 좋다.

희망을 잃지 않는다면
어떤 상황에서도 살아남을 수 있다

스톡데일 역설은 베트남 전쟁 포로 수용소에서 8년간 갇혀 있었던 제임스 스톡데일 제독의 경험에서 비롯된 개념이다. 극한 상황에서 살아남은 사람들은 어떤 속성이 있었을까?

"결코 희망을 잃지 않았다. 언젠가는 이 지옥에서 벗어날 것이라는 믿음을 잃지 않았다. 하지만 동시에 현재의 잔혹한 현실을 직시했다."

어려운 상황에서도 희망을 유지하되, 동시에 현실을 직시하는 자세가 스톡데일 역설이라고 할 수 있다. 누구나 살아가면서 크고 작은 시련을 마주하게 된다. 가끔은 그 어려움이 너무 압도적이어서 희망을 잃고 포기하고 싶어질 때도 있다. 우리는 겉보기에는 모순되는 신념 두 가지를 동시에 유지해야 한다. 스톡데일 역설은 맹목적인 낙관주의와 패배주의적 비관론 모두를 거부한다. 대신 현실을 직시하면서도 희망을 잃지 않는 균형 잡힌 접근법을 강조한다. 이는 개인의 정신 건강과 조직의 성과 향상에 크게 기여할 수 있다.

이 개념을 이해하고 실천하면 어려운 상황에서도 쉽게 좌절하지 않고 꾸준히 앞으로 나아갈 수 있는 정신적 회복 탄력성을 기를 수 있다. 이는 단기적인 어려움에 압도되지 않고 장기적인 목표를 향해 꾸준히 노력할 수 있는 마인드셋을 정착히는 데도 도움이 된다. 스톡데일 역설은 단순한 이론이 아니다. 실제 극한의 상황에서 검증된 강력하고 실용적인 생존 및 성공 전략이다. 역경은 피할 수 없는 인생의 일부다. 스톡데일 역설을 통해 우리는 그 역경을 어떻게 바라보고, 대처하고, 극복할 수 있는지를 배울 수 있다.

현실 직시가 중요한 이유는 현실을 직시함으로써 우리가 직면한 문제의 본질과 규모를 정확히 파악할 수 있기 때문이다. 현실을 정확히 알 때 비로소 그에 맞는 효과적인 대응 전략을 수립할 수 있다. 또 현실을 회피하거나 왜곡하지 않음으로써 장기적으로 더 큰 고통을 방지할 수도 있다.

낙관적 태도의 유지가 필요한 이유는 더 나은 미래에 대한 믿음이 어려운 상황에서도 계속 나아갈 수 있는 동력으로 작용하기 때문이다. 이는 문제 해결을 위한 새로운 아이디어와 접근법을 찾는 데 도움이 된다. 역경을 일시적인 것으로 보고 극복할 수 있다는 믿음은 정신적 회복 탄력성을 높인다.

스톡데일 역설의 진정한 힘은 현실 직시와 낙관적 태도의 균형에서 나온다. 이 두 가지 요소는 서로 모순되는 것처럼 보이지만, 실제로는 상호 보완적이다. 삶은 높은 산을 오르는 것과 같다. 정상만 바라보며 오르면 눈앞의 절벽을 보지 못하고, 절벽만 바라보면 결국 정상에 오르지 못한다. 스톡데일 역설은 바로 이 미묘한 균형의 예술을 말한다.

베트남 전쟁 포로 수용소에서 살아남은 스톡데일 제독의 통찰은 오늘날 우리의 일상에도 큰 교훈을 전한다. 순수한 낙관주의자들은 "크리스마스까지는 집에 갈 수 있어"라며 희망에 취했지만 결국 절망했다. 반면 현실과 희망의 균형을 잡은 이들은 생존했다. 그렇다면 우리는 어떻게 이 균형의 춤을 출 수 있을까?

첫째, 감정의 안개를 걷어내고 현실을 직시하라. 의사가 정확한 진단을 위해 여러 검사를 하듯, 객관적 데이터를 수집하라. 당신의 업무 성과, 재정 상태, 건강 지표를 냉정하게 분석하라. 불편한 피드백도 피하지 말고 수용하려는 자세를 가져 보자.

둘째, 희망이라는 등불을 켜라. 매일 밤 감사 일기를 쓰는 것으로 시작해 보자. '오늘도 난 한 걸음 나아갔다', '실수했지만 그것도 배움이다'와 같은 긍정적 자기 대화를 실천하라. 이는 현실도피가 아닌, 현실을 이겨내는 힘이 된다.

셋째, 성장의 흔적을 찾아내는 고고학자가 되어라. 작은 성장이라도 발견하면 축하하라. 오늘 새로 배운 엑셀 함수 하나, 한 번 더 참은 감정 하나, 이 모든 것이 성장의 증거다. 마치 식물이 자라는 것을 매일 관찰하는 정원사처럼, 당신의 작은 변화들을 기록해 증거를 남겨라.

넷째, 전략을 유연하게 조정하라. 등산가가 날씨에 따라 경로를 바꾸듯, 상황에 맞춰 계획을 수정하는 것을 두려워하지 마라. 이는 포기가 아닌 현명한 적응이다.

마지막으로, 시간의 렌즈를 활용하라. 당장의 어려움은 마치 영화의 한 장면일 뿐이다. 시나리오의 끝에는 당신이 꿈꾸는 결말이 기다리고 있다. 그 장면을 자주 떠올리되, 그곳에 이르는 험난한 여정도 함께 상상하라.

  현실과 희망의 균형은 외줄타기와 같다. 한쪽으로 너무 기울면 금방 떨어지고 만다. 하지만 중심을 잡으면 좁은 줄 위에서도 우아하게 나아갈 수 있다. 당신의 삶이라는 무대에서 이 균형의 예술을 시작해 보자.

가치와 목표를 찾는
33가지 질문

　　인지력을 키우는 과정에서 가장 먼저 찾아야 하는 것은 바로 나의 뿌리다. 여기서 뿌리는 나를 지탱하는 인생의 방향과 가치를 의미한다. 이 가치는 우리가 어떤 선택을 하고, 어떤 행동을 선택할지 결정하는 데 필요한 방향 지시등 역할을 한다. 그렇다면 나의 가치를 어떻게 찾을 수 있을까? 다음 질문에 답을 해 보자.

내가 가장 행복할 때는 언제였는가?
나는 어떤 활동에서 가장 큰 성취감을 느끼는가?
내가 가장 열정을 느끼는 활동은 무엇인가?
내게 가장 중요한 사람은 누구이며, 그 이유는 무엇인가?

내가 가장 자랑스러웠던 순간은 언제인가?

내가 시간을 잊고 몰입하게 되는 일은 무엇인가?

나는 어떤 환경에서 가장 창의적인 모습을 보이는가?

나는 어떤 종류의 일을 할 때 가장 창의적이라고 느끼는가?

내가 꿈꾸는 이상적인 삶은 어떤 모습인가?

나는 어떤 일에 대해 말할 때 의견을 강하게 표출하는가?

나는 어떤 상황에서 큰 스트레스를 느끼는가?

나의 단점은 무엇이며, 어떻게 보완할 수 있는가?

내가 가장 중요하게 생각하는 삶의 원칙은 무엇인가?

내가 자주 하는 생각이나 말은 무엇인가?

나는 어떤 사람으로 기억되고 싶은가?

내가 좋아하는 책이나 영화는 무엇이며, 그 이유는 무엇인가?

내가 가장 존경하는 인물은 누구이며, 그 이유는 무엇인가?

나의 어린 시절 꿈은 무엇이었는가?

나는 꿈을 이루기 위해 무엇을 하고 있는가?

내가 주로 사용하지 않는 능력이나 재능은 무엇인가?

내가 가장 두려워하는 것은 무엇인가?

나에게 가장 큰 영향을 미친 경험은 무엇인가?

나는 어떤 상황에서 가장 자신감을 느끼는가?

내가 가장 중요하게 생각하는 가치나 덕목은 무엇인가?

나의 가치를 위협하는 상황은 어떤 상황인가?

내가 해결하고 싶은 사회적 문제는 무엇인가?

나는 어떤 사람들과 함께 있을 때 가장 편안함을 느끼는가?

나는 어떤 종류의 문제를 해결하는 것을 좋아하는가?

나의 하루 중 가장 만족스러웠던 순간은 언제인가?

나는 어떤 종류의 사람을 존경하는가?

나는 어떤 가치를 위해 자신을 기꺼이 희생할 수 있는가?

나의 가치관은 어떤 경험을 통해 형성되었는가?

내가 지금 당장 바꿀 수 있는 한 가지는 무엇인가?

우리는 목적으로서의 가치와 수단으로서의 가치를 구분할 줄 알아야 한다. 목적으로서의 가치는 그 자체로 중요하고 의미 있는 것을 의미한다. 이는 산의 정상과 같다. 우리는 정상에 오르는 것 자체를 목표로 삼는다. 외부의 어떤 결과나 목적을 위해 존재하는 것이 아니라 그 자체로 중요하다.

수단으로서의 가치는 다른 목표나 목적을 달성하기 위한 도구로써의 가치를 의미한다. 이는 궁극적인 목적을 달성하기 위한 과정에서 중요하게 생각되는 부분이다. 돈, 교육, 직업 등은 수단으로서의 가치라고 할 수 있다. 돈은 경제적 안정과 행복을 위한 수단이 되고, 교육은 지식과 커리어 성장을 위한 수단이 되며, 직업은 생계를 유지하고 자아실현을 가능케 하는 수단이 된다. 수단으로서의 가치는 사다리와 같다. 우리는 사다리를 통해 높은 곳에 도달할 수 있다. 사다리 자체가 목적이 아니라 높은 곳에 도달하기 위한 도구로서 작용한다. 나의 가치를 발견할 수 있는 다른 방법은 무엇이 있을까?

묘비명 작성하기

묘비명은 우리 삶의 가장 핵심 가치가 반영된 최종 요약본이다. 이는 일시적 욕구나 목표를 넘어 진정한 가치를 고민할 수 있는 기회가 된다. "내 묘비에 어떤 문구가 쓰였으면 좋겠는가?"라는 질문에 답을 해 보자. 당신이 가장 중요하게 여기는 가치를 발견할 수 있을 것이다.

인생의 하이라이트 작성하기

인생의 하이라이트는 우리 삶에서 가장 의미 있고, 감동적이며 기억에 남는 순간을 말한다. 단순히 즐거웠던 순간이 아니라 나의 내면에 깊은 울림을 줬던 경험이다. "나의 인생에서 가장 기억에 남는 다섯 가지 순간은 무엇인가?"라는 질문에 답해 보자. 떠오르는 순간들을 자유롭게 기록한 후 각 순간이 어떻게 특별했는지 기술한다. 감정, 장소, 함께한 사람을 구체적으로 묘사한다. 떠오르는 순간들을 판단하지 말고 그저 있는 그대로 받아들이는 것이 중요하다.

그리고 다섯 가지 하이라이트의 공통점을 찾는다. 어떤 감정이 주로 등장하는지, 어떤 유형의 경험이 반복되는지, 누구와 함께 있을 때 의미 있는 순간이 많았는지에 대해 작성한다. 성취와 관련된 순간이 많다면 성장이나 성공이 중요한 가치가 될 수 있다. 타인을 돕는 순간이 많다면 이타심, 공헌이 중요할 수 있다. 자연 속에서의 경험이 많다면 자연, 평화가 중요한 가치가 될 수 있다. 가치는 우리 삶의 나침반이고, 목표는 그 나침반이 가리키는 방향으로 가는 구체적인 안내판 역할을 한다.

측정 가능하고 달성 가능한
목표 세우기

이제 가치를 기반으로 목표를 설정할 때다. 우선 내가 각각의 가치를 위해 현재 얼마나 충실히 살고 있는지 떠올린다. 지금의 상태와 내가 바라는 이상적인 상태 사이의 간극을 파악한다. 이 간격을 줄이기 위한 구체적이고 측정 가능한 목표를 설정한다. 예를 들어 내 인생의 가치가 성장이라면 6개월 안에 새로운 기술 자격증 취득하기와 매달 한 권 이상의 자기계발 서적 읽기를 목표로 할 수 있고, 관계라면 주말마다 가족과 함께 활동 시간 갖기와 한 달에 한 번 오랜 친구와 만나 깊은 대화 나누기를 목표로 할 수 있다.

우리의 과거 경험에는 우리가 누구인지, 무엇을 중요하게 여기는지에 대한 답이 숨어 있다. 이 활동을 통해 그 답을 찾고, 더욱 진정성 있고 만족스러운 삶으로 다듬어야 한다. 당신의 하이라이트가 가리키는 방향으로 새로운 하이라이트를 만들자. 그것이 바로 당신만의 의미 있는 인생을 만들어 가는 여정이 될 것이다. 목표를 설정할 때 도움이 되는 방법은 무엇이 있을까?

미래 자서전 쓰기

20년 후의 나를 상상해 본다. 그 시점에서 지금까지의 인생을 돌아보는 자서전을 쓴다. 어떤 성취를 이뤘는지, 어떤 삶을 살았는지 구체적으로 적어 본다. 이 활동은 당신이 장기적으로 무엇을 중요하게 여기는지, 어떤 삶을 가치 있게 생각하는지 파악하는 데 도움이 된다.

분노 일기 쓰기

2주 동안 매일 당신을 화나게 하거나 좌절시킨 일들을 기록한다. 각 상황에서 왜 그런 감정을 느꼈는지 분석한다. 이 감정들의 근원에 있는 가치를 파악한다. 우리는 자신의 가치가 위협받을 때 강한 부정적 감정을 느낀다. 이 활동을 통해 당신이 무의식적으로 중요하게 여기는 가치를 발견할 수 있다.

목표 설정에 뿌리가 되는 인생의 가치를 찾아내고 이를 실현하는 과정은 정원을 가꾸는 것과 같다. 우리의 가치는 흙 속 깊이 뿌리내린 나무와 같고, 목표는 그 나무에서 자라나는 가지와 잎, 꽃과 같다. 이 정원을 아름답게 가꾸기 위해서는 먼저 가치를 이해하고 키워 나가야 한다.

펜실베이니아대학교 심리학 교수 마틴 셀리그만의 웰빙 이론에 따르면, 의미 있는 삶은 행복의 핵심 요소 중 하나다. 우리의 가치관에 부합하는 목표를 향해 노력할 때, 우리는 더 큰 삶의 의미를 경험하게 된다. 이런 가치 탐색 활동을 통해 발견한 가치를 바탕으로 목표를 설정할 때, 우리는 더욱 진정성 있고 지속 가능한 변화를 만들어 낼 수 있다.

목표 달성 과정에서 어려움을 겪을 때도 가치는 중요한 역할을 한다. 긍정 심리학자 안젤라 더크워스의 연구에 따르면, 자신의 가치와 연결된 목표를 가진 사람들이 더 높은 '그릿(Grit)'을 보이며, 이는 장기적인 성공으로 이어진다.

우리의 과거 경험은 보물 지도와 같다. 그 속에 우리의 진정한 가치와 열정이 숨어 있다. 이 지도를 해독하고 그에 따라 새로운 목표를 설정하는 것은 마치 모험을 떠나는 것과 같다. 각자의 하이라이트가 가리키는 방향으로 새로운 하이라이트를 만들어 가는 과정은 우리 각자만의 독특하고 의미 있는 인생 여정이 된다.

목표는 나침반과 같다. 인생의 복잡한 여정 속에서 우리가 진정으로 가고자 하는 방향을 알려 준다. 우리는 이를 통해 더욱 진정성 있고 만족스러운 삶을 살아갈 수 있으며, 궁극적으로는 자아실현과 행복에 한 걸음 더 다가갈 수 있다. 당신의 가치를 발견하고, 그에 따른 목표를 설정해 당신만의 의미 있는 인생 이야기를 써 나가기 바란다. 그것이 바로 당신만의 독특하고 풍성한 인생을 만들어 가는 출발점이 될 것이다.

더 쉽게 목표에 도달하는 효율적인 프로세스

목표를 설정할 때는 명확한 방향과 동기 부여를 위해 여러 가지 주의 사항을 고려해야 한다. 우선 목표는 도전적이지만 현실적이어야 한다. 너무 비현실적인 목표는 좌절감을 일으킬 수 있다. '내년까지 억만장자가 되겠다'라는 목표보다는 '5년 내에 내 집 마련을 위한 자금을 마련하겠다'는 목표가 보다 더 현실에 가깝지 않겠는가.

큰 목표는 작은 단기 목표로 세분화해 달성 과정을 명확히 해야 한다. 단계별 목표를 설정하면 더 쉽게 목표에 도달할 수 있다. 예를 들어 "회사를 창업하겠다'라는 목표를 '사업 아이디어 개발 → 시장 조사 → 자금 확보 → 사업 시작'처럼 단계별로 나누어 설정한다. 설정한 목표 역시 자신의 가치와 일치해야 지속적으로 자극이 된다.

부정적인 표현보다는 긍정적인 표현으로 목표를 설정하는 것이 좋다. 긍정적인 목표는 동기를 더 높이고 유지하게 한다. '실패하지 않겠다'보다는 '성공을 위해 최선을 다하겠다' 같은 식이다. 또한 목표를 시각적으로 표현하면 목표에 대한 집중력을 높일 수 있다. 비전 보드를 만들어 목표와 관련된 이미지나 문구를 시각적으로 표현해 보자. 신뢰할 수 있는 사람들과 목표를 공유하는 것도 좋은 방법이다. 이는 동기와 책임감을 높여 준다. 목표를 친구나 가족과 공유하고 그들에게 진행 상황을 수시로 알려라.

상황 변화에 따라 목표를 유연하게 조정할 수도 있어야 한다. 지나치게 고집스러운 목표는 스트레스를 유발할 수 있다. 예상치 못한 상황이 발생할 경우, 목표의 기한이나 내용을 조정할 필요가 있다. '어떤 일이 있어도 일주일에 책 1권은 읽겠다' 대신 '하루에 10쪽 정도라도 책을 읽겠다'가 낫다. 단기적인 성취보다는 장기적으로 지속 가능한 목표를 설정하자. '일주일 동안 매일 2시간씩 운동하기'보다는 '매일 30분씩 꾸준히 운동하기'가 지속 가능성이 높다.

가고자 하는 방향이 뚜렷해야
가는 길이 힘들지 않다

목표를 정하는 과정은 단순히 원하는 바를 설정하는 것이 아니다. 이를 효과적으로 달성할 수 있도록 명확히 정의하고 실행 가능한 계획을 세우는 것이다. 어떻게 하면 효율적인 계획을 세울 수 있을까?

모든 목표 나열하기

현재 자신이 갖고 있는 모든 목표를 나열한다. 내 안에 숨겨진 목표부터 겉으로 드러난 목표까지 쭉 나열한다.

질문: 내가 현재 갖고 있는 목표는 무엇인가?

목표 평가

각 목표가 얼마나 중요한지, 또 실현 가능한지 평가한다. 이는 우리가 추구하는 여러 가지 목표 중 불필요하거나 우선순위가 낮은 목표를 정리하는 과정이다.

질문: 이 목표가 나에게 얼마나 중요한가? 실현 가능한 목표인가?

목표의 근거 확인

각 목표를 설정한 이유를 확인하고, 그것이 자신의 가치와 일치하는지 확인한다.

질문: 이 목표를 왜 설정했는가? 나의 가치와 일치하는가?

우선순위 정하기

목표의 중요도와 시급성을 기준으로 우선순위를 정한다.

질문: 어떤 목표가 가장 중요한가? 어떤 목표가 가장 시급한가?

비우기

우선순위가 낮거나 불필요한 목표를 삭제하거나 미뤄 둔다.

질문: 어떤 목표를 삭제하거나 미뤄 둘 것인가?

목표 선택

정리된 목표들 중에서 현재 집중해야 할 주요 목표를 선택하는 과정이다. 이를 통해 더욱 명확하고 집중적인 목표 설정이 가능하다. 정리된 목표들 중에서 가장 중요한 핵심 목표 1~3개를 선택한다.

질문: 지금 가장 중요하고 집중해야 할 목표는 무엇인가?

목표 구체화

선택된 목표를 구체적이고 명확하게 정의한다.

질문: 이 목표를 어떻게 구체적으로 정의할 수 있는가?

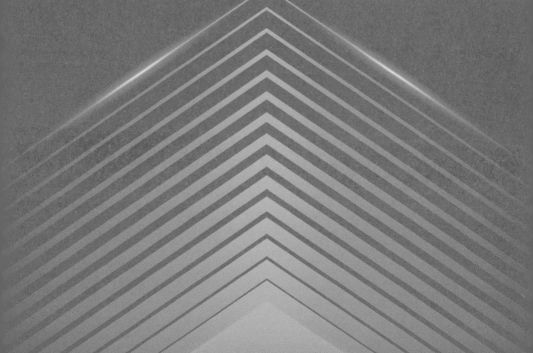

| 2단계 |

생각하라

———

부정적 생각을 긍정적 생각으로 바꾸는 법

PATTERN

생각이 고정되면
행동도 고정된다

실패 패턴을 가진 사람들은 성공을 방해하는 잘못된 생각과 믿음을 갖고 있다. 그들은 최악의 상황을 상상하며 과도한 걱정을 하기도 한다. 이런 부정적 사고 패턴은 실제 행동을 하기도 전에 머릿속에서부터 포기를 부추기거나 소극적인 태도로 이어지게 한다. 생각만 했을 뿐인데 이미 실행할 에너지가 싹 고갈되는 것이다. 이는 행동과 결과에 큰 영향을 미친다.

'나는 할 수 없어', '나는 원래 게으른 사람이야', '아무리 노력해도 부지런해질 수 없어' 같은 과거의 실패 경험이 쌓여 반복해 왔던 생각들은 나에 대한 고정 관념으로 탈바꿈한다. 이는 변화에 대한 두려움과 불확실성 회피에 의해 발생되는 경우가 많다. 고정 관념의 전형적인 예시다.

심리학자 캐롤 드웩의 '고정 마인드셋' 개념에 따르면 자신의 능력
이 고정되어 있다고 믿는 사람들은 성장의 기회를 놓치기 쉽다. 심
리학자 줄리안 로터의 '외적 통제 소재' 개념은 자신의 삶이 외부 요
인에 의해 결정된다고 믿는 사람들이 적극적 행동을 취하지 않는 경
향이 있음을 설명한다. 이런 잘못된 믿음은 도전을 회피하게 만들고
자기 효능감을 저하시키며 기회를 상실하게 하며, 만성적인 스트레
스와 불안까지도 유발한다. 모두 내면의 파괴적인 목소리가 쌓인 결
과다.

'성공은 운이 좋은 사람들의 몫이야' 같은 생각은 나의 노력과 능력
에 대한 불신을 강화한다. 이는 책임을 회피하고 실패를 정당화하려
는 심리다. 문제는 이런 생각들을 하지 않겠다고 마음먹는다고 곧바
로 해결되는 것이 아니라는 점이다.

생각을 바꾸는 건 힘든 여정이다. '생각아 떠올라라!' 한다고 떠오
르는 존재가 아니기 때문이다. 생각은 그동안 내가 반복적으로 선택
해왔던 결과들이 쌓여 자동적 반응으로 떠오르는 것이다.

"오늘부터 긍정적으로 생각하자!"

수많은 자기계발서가 외치는 이 말은 마치 겨울철 미끄러운 눈길
에서 "넘어지지 말자!"라고 다짐하는 것만큼이나 무력하다. 우리의

생각은 마법처럼 순간적으로 바뀌지 않는다. 그것은 수천, 수만 번의 반복으로 형성된 뇌 속 고속도로, 즉 패턴이기 때문이다.

하지만 희망은 있다. 뇌과학자들은 우리 뇌가 마치 젖은 진흙과 같다고 말한다. 처음에는 단단해 보이지만, 꾸준히 새로운 길을 파면 결국 그 모양대로 굳어 간다는 것이다. 생각을 바꾸는 과정은 도시 한가운데 새로운 도로를 내는 것과 같다. 처음에는 공사가 힘들고 교통체증도 심하다. 하지만 끈기 있게 공사를 진행하면, 어느새 새로운 도로가 완성되고 차들은 자연스럽게 그 길을 따라 흐르기 시작한다.

생각을 바꾸려면
긴 시간 동안 꾸준히 변화해야 한다

공사의 첫 삽은 바로 말에서 시작된다. '난 못해'라는 생각이 평소처럼 떠올랐다는 것을 인지했다면 바로 "아직 배우는 중이야"라고 말하거나, '실패할까 봐 두려워'라고 자동적으로 떠오른 생각을 인지했다면 "이번에도 소중한 경험이 되겠지"라고 다시 바꿔 말하는 식이다. 이런 작은 언어의 변화가 모여 새로운 생각의 길을 만든다.

부정적 생각이 떠오를 때마다 그것을 막으려 노력하지 말자. 대신 그것을 신호로 삼아 새로운 생각으로 방향을 틀어 보자. 내비게이션이 "경로를 재탐색합니다"라고 말하듯 말이다. 처음엔 어색하고 불편하겠지만, 이 새로운 길을 천천히 걸어가다 보면 어느새 그것이 자연스러운 당신의 길, 당신의 패턴이 되어 있을 것이다. 결국 생각을 바꾸는 것은 도로를 넘어 아예 새로운 도시를 설계하는 것과도 같다. 시간이 걸리고 인내가 필요하지만, 그 끝에는 당신이 꿈꾸는 더 나은 삶의 풍경이 기다리고 있다. 그렇다면 생각을 바꾸는 데 도움이 되는 방법은 무엇이 있을까?

부정적인 생각 패턴 인식하기

생각을 전환하는 첫 번째 단계는 자신의 부정적인 생각 패턴을 인식하는 것이다. 이는 마치 정원사가 잡초를 찾아내는 것과 같다. 예를 들어 '나는 이 일을 못 할 거야'라는 생각이 들 때마다 그것을 인지하고 멈추는 연습을 한다. 인지 행동 치료에서는 이를 '사고 중지'라고 부른다.

부정적인 생각 대체하기

다음으로는 부정적인 생각을 보다 긍정적이고 현실적인 생각으로 대체하는 훈련을 한다. 컴퓨터의 오래된 프로그램을 새로운 버전으로 업데이트하는 것과 같다. '나는 이 일을 못 할 거야'라는 생각을 인지하는 순간 바로 전환하자. '이 일은 어려울 수 있지만, 나는 최선을 다해 노력할 것이다'라고 생각을 바꾸는 것이다. 셀리그만의 연구에 따르면 이런 긍정적 자기 대화는 우울증 예방과 성과 향상에 효과적이다.

증거 찾기

생각 전환 훈련의 또 다른 방법은 증거 찾기다. 형사가 사건의 진실을 밝히기 위해 증거를 모으는 것과 같다. 예를 들어 '나는 항상 실패한다'는 생각이 들 때, 과거의 성공 경험을 떠올려 보는 것이다. 이를 통해 우리는 자신의 생각이 얼마나 왜곡되어 있는지 깨달을 수 있다.

명상

우리의 마음은 끊임없이 흐르는 강과 같다. 걱정, 불안, 스트레스라는 나뭇잎들이 강물 위를 떠다닌다. 보통의 우리는 이 나뭇잎들을 잡으려 허우적대거나, 때론 그 속에 빠지기도 한다. 하지만 명상은 우리에게 강둑에 앉아 이 모든 것을 지켜볼 수 있는 평화로운 방법을 알려 준다.

메사추세츠대학교 의과대학 명예교수 존 카밧진은 마음챙김의 과학적 효과를 증명했다. 그의 표현을 빌리자면 명상은 '마음의 근육을 키우는 운동'이다. 체육관에서 근력을 키우듯 우리는 정신의 근력을 키울 수 있다는 것이다.

한 스타트업 대표는 매일 아침 10분간 창가에 앉아 차 한 잔을 마시며 마음을 관찰한다. '이번 투자 유치에 실패하면 어쩌지?'라는 생각이 떠오르면, 그는 그 생각을 검은 구름이라고 상상한다. 구름은 잠시 머물다 바람에 흘러가듯 걱정도 자연스럽게 지나가게 둔다.

이것이 바로 마음챙김의 마법이다. 우리는 생각을 통제하려 하지 않는다. 대신 강가에 앉은 관객처럼 마음속에 흘러가는 생각들을 그저 바라본다. '아, 지금 불안한 생각이 떠오르는구나' 하고 알아차리는 것만으로도 충분하다. 어두운 방에 불을 켜는 것처럼 알아차림

자체가 변화의 시작이 된다.

놀랍게도 이런 단순한 관찰만으로도 우리의 뇌는 변화한다. 스트레스 호르몬이 감소하고, 불안이 잦아들며, 감정의 폭풍우도 잔잔해진다. 마치 흐린 물이 가라앉아 맑아지듯, 우리의 마음도 점차 선명해지는 것이다.

결국 명상은 우리에게 특별한 초대장을 건넨다. 그것은 바로 당신 마음속 강가에 잠시 앉아, 생각이라는 나뭇잎들의 춤을 감상하자는 초대다. 이 조용한 관찰의 시간이 당신에게 더 큰 평화와 지혜를 선물할 것이다.

감사 일기 쓰기

감사 일기 쓰기도 효과적인 생각 전환 훈련이다. 매일 밤 그날 있었던 긍정적인 일 세 가지를 적는 것이다. 이는 어두운 방에 작은 촛불을 켜는 것과 같다. 일기를 쓰다 보면 점점 더 많은 빛을 발견하게 된다. 로버트 에먼스 교수는 캘리포니아주립대학교 데이비스 캠퍼스의 심리학 교수로, 감사의 심리적 효과에 대한 연구를 통해 감사 훈련이 행복감 증진과 우울증 감소에 효과적임을 밝혀냈다.

그의 연구에 따르면 감사 일기를 쓰는 것과 같은 감사 훈련을 통해 개인의 행복도가 평균 25% 상승하고, 긍정적인 감정이 증가하며 우울감이 감소하는 효과가 나타났다. 이러한 감사 훈련은 신체적 건강에도 긍정적인 영향을 미쳐, 참가자들이 더 나은 수면을 취하고, 신체적 문제를 덜 경험하며, 운동을 더 많이 하게 되는 결과를 보였다. 에먼스 교수는 감사하는 마음이 스트레스 상황에서도 긍정적인 영향을 미친다고 강조하며, 이는 심리적 저항력을 높이는 데 기여한다고 설명한다. 연구는 감사가 단순한 감정이 아니라, 우리의 정신 건강과 전반적인 삶의 질을 향상시키는 중요한 요소임을 알려 준다.

생각 전환 훈련

마지막으로 행동 실험을 통한 생각 전환 훈련이 있다. 과학자가 가설을 검증하는 것과 같다. 예를 들어 '나는 사람들 앞에서 말을 잘 못해'라는 생각이 있다면, 실제로 소규모로 발표할 기회를 만들어 도전해 보는 것이다. 이를 통해 우리는 자신의 능력을 객관적으로 평가하고 부정적 믿음을 수정할 수 있다.

생각 전환 훈련은 단기간에 이루어지지 않는다. 마라톤처럼 꾸준한 노력과 인내가 필요하다. 하지만 지속적인 훈련을 통해 우리는 점차 자동적으로 긍정적이고 건설적인 사고를 할 수 있게 된다. 이는 단순히 '긍정적으로 생각하자'는 막연한 다짐이 아니라, 구체적이고 실천적인 훈련을 통해 이뤄지는 것이다.

결국 생각 전환 훈련은 우리 삶의 질을 향상시키는 강력한 도구가 된다. 이를 통해 우리는 더 나은 결정을 내리고, 스트레스에 더 잘 대처하며, 궁극적으로는 더 행복하고 성공적인 삶을 살 수 있게 된다. 따라서 오늘부터라도 작은 것에서부터 시작해 꾸준히 생각 전환 훈련을 실천해 나가는 것이 중요하다.

의식 레벨이 오르면 실행력도 오른다

　실행력을 높이는 데 있어 감정은 매우 중요한 역할을 한다. 감정은 신체적 반응, 사고 패턴, 행동에 큰 영향을 미친다. 기쁨, 열정, 자신감 같은 긍정적 감정은 동기 부여와 에너지 수준을 높여 실행력을 증가시킨다. 두려움, 분노, 슬픔의 부정적 감정은 집중력을 떨어뜨리고 실행력을 저하하며 목표 달성을 방해한다.

　정신과 의사 데이비스 호킨스의 의식 레벨 이론을 알아보자. 의식 레벨은 인간의 의식을 1부터 1,000까지의 척도로 나눠 설명한다. 이 척도는 수치가 높아질수록 더 높은 수준의 의식 상태를 나타낸다. 이 단계들은 각각의 고유한 에너지 레벨을 갖고 있다. 낮은 의식 레벨은 부정적 감정과 약한 에너지를, 높은 의식 레벨은 긍정적 감정과 강한 에너지를 동반한다. 예를 들어 200 이하의 의식 레벨에서는 실행하기가 어렵다. 우리가 쉽게 느낄 수 있는 감정들의 의식 레벨 점수는 이러하다.

자신을 가치 없다고 여겨 시도조차 하지 않는다(수치, 20). 과거의 실수에 얽매여 새로운 도전을 꺼린다(죄책감, 30). 모든 것이 무의미하다고 느껴 동기가 사라진다(무관심, 50). 실패에 대한 두려움이 행동을 막는다(두려움, 100). 에너지는 강하지만 건설적으로 사용되기 어렵다(분노, 150).

긍정적인 변화의 가능성을 인식하고, 자신의 능력을 신뢰하게 만들며, 실패를 두려워하지 않고 도전하게 한다(용기, 200). 200 이상의 의식 레벨에서는 실행력이 크게 향상된다.

균형 잡힌 시각으로 효율적인 행동이 가능해진다(중용, 250). 적극적이고 자발적인 행동이 증가한다(기꺼이 함, 310). 더 큰 목적을 위해 헌신적으로 행동한다(사랑, 500). 행동 자체에서 만족을 얻어 실행의 지속이 가능해진다(기쁨, 540).

의식 레벨 향상을 통해 실행력을 강화하기 위해서는 현재 나의 의식 레벨을 정확하게 인지하는 것이 중요하다. 일상적인 생각과 감정을 관찰하고 사람들의 피드백을 수용하며 나의 행동 패턴을 객관적으로 분석할 줄 알아야 한다.

의식 레벨은 갑자기 큰 폭으로 상승시키기 어렵다. 대신 점진적 상승을 목표로 해야 한다. 현재 레벨보다 조금 더 높은 상태를 지속적으로 경험하며 서서히 올라가야 한다. 이때 주변 환경은 의식 레벨에 큰 영향을 준다. 높은 의식 레벨의 사람들과 교류하고 영감을 주는 책, 영화, 음악처럼 긍정적 콘텐츠에 노출되거나, 부정적 환경에서 벗어나려는 의식적 노력이 그렇다.

일상에서 실천할 수 있는
실행력을 키우는 방법들

현재에 머무는 연습, 마인드풀니스

출근길 지하철에서도, 점심 식사를 할 때도 우리는 의식적으로 현재에 머물 수 있다. 숟가락으로 국물을 떠먹을 때의 온기, 창 밖으로 스쳐 지나가는 풍경, 코끝을 스치는 바람까지. 하루 10분의 명상과 함께 일상의 순간순간을 의식하며 살아가는 연습은 우리의 의식 수준을 높인다.

감사의 기록이 바꾸는 하루

퇴근 후 소파에 앉아 오늘 하루를 돌아본다. 오전에 있었던 성공적인 프레젠테이션, 점심시간에 만난 오랜 친구와의 대화, 저녁 무렵 집 앞 공원에서 만난 길고양이의 애교스러운 모습까지. 매일 밤 세 가지 감사한 일을 기록하는 시간은 우리의 시선을 긍정으로 향하게 하고 의식 레벨을 높인다.

꿈을 현실로 만드는 시각화의 힘

대학원 진학을 준비하는 직장인이라면 매일 아침 5분씩 자신이 원하는 미래를 그린다. 교수님과 연구 주제를 토론하는 장면, 졸업식 날 학위를 받는 순간까지. 이런 과정에서 설렘과 기대감, 성취감을 미리 경험하며 실행의 동력을 얻을 수 있다.

내면의 목소리를 바꾸는 대화의 기술

프로젝트 발표를 앞둔 신입 사원이라면 불안한 마음이 들 때마다 '실수할까 봐 걱정되지만, 이미 발표 자료는 완벽하게 준비했어. 내가 이 주제에 대해 가장 잘 알고 있지' 하며 스스로에게 말을 건다. 부정적인 생각이 들 때마다 의식적으로 건설적인 대화로 전환하는 연습을 통해 자신감은 조금씩 성장한다.

호킨스의 의식 레벨 이론은 우리가 겪는 실행력의 차이를 명쾌하게 설명한다. 실행력은 결코 의지나 기술의 문제가 아니다. 이는 우리의 의식이 세상을 바라보는 높이, 즉 관점의 차원과 직결되어 있다. 매일의 작은 선택들이 모여 점진적인 변화를 만들어 내듯, 의식 레벨의 성장 역시 점진적이다. 아침에 일어나는 첫 순간부터 일상의 크고 작은 결정들까지, 우리는 매 순간 의식의 방향을 선택할 수 있다. 각자의 의식 레벨을 깨닫고 그것을 높이기 위해 노력할 때 삶은 새로운 차원으로 도약한다. 일상의 작은 실천이 기쁨이 되고, 도전은 설렘이 되며, 실패조차 배움이 된다. 의식의 성장은 곧 삶의 질적 도약이며, 우리가 얻을 수 있는 가장 값진 선물이다.

감정은 사건 그 자체보다 사고에 영향을 받는다

우리의 경험은 복합적 상호작용으로 이뤄진다. 많은 사람이 감정을 통제할 수 없다고 느끼지만 실제로 감정은 사건 자체보다 그 사건에 대한 우리의 해석, 즉 사고에 영향을 크게 받는다. 동일한 사건이라도 개인에 따라 다른 감정적 반응을 보이는 이유가 바로 여기에 있다. 그래서 상황에 대한 우리의 해석을 수정하면, 그에 따른 감정도 크게 변할 수 있다. 이는 우리가 감정을 간접적으로라도 통제할 수 있음을 의미한다.

그런데 생각과 감정은 서로 밀접하게 연관되어 있지만 동시에 분명하게 다른 현상이다. 감정은 내적 경험을 나타내는 것으로 그 자체로는 옳고 그름을 판단할 수 없다. '나는 불안하다', '나는 화난다'

같은 표현은 우리의 내적 상태를 보고하는 것일 뿐이다. 감정 자체를 직접적으로 부정하거나 논박하는 것은 적절하지 않다. 불안을 느끼는 사람에게 '당신은 사실 불안하지 않아요'라고 말하는 건 의미가 없다.

사고는 직접적으로 감정을 유발한다. '시험을 잘 못 볼 것 같다'는 생각은 불안과 슬픔의 감정을 자아낸다. 반대로 '시험을 잘 볼 것 같다'는 생각은 평온함과 자신감을 불러일으킬 수 있다. 감정과 달리 사고는 사실에 비춰 검증될 수 있고, 우리의 생각이 현실을 정확히 반영하고 있는지, 혹은 왜곡되어 있는지를 객관적으로 평가할 수도 있다.

삶은 수많은 상황, 상황에 대한 생각, 생각으로 인한 감정들로 이뤄진다. 하지만 우리는 이 세 가지를 명확히 구분하지 못하고 뒤섞어 버리곤 한다. 이 세 가지 요소를 명확히 구분하고, 이를 통해 어떻게 우리의 실행력을 높일 수 있는지 알아보자.

당신의 상사가 "이 작업은 시간이 오래 걸릴 거 같네요. 하지만 오늘 중으로 끝내야 합니다"라고 말했다고 가정해 보자.

부정적 해석
상사가 작업 속도에 대해 언급함(사건).
'나는 능력이 부족해서 이 일을 끝내지 못하면 해고될 거야'(생각).
불안, 스트레스(감정).

패닉 상태에 빠저 실수를 반복함(행동).

긍정적 해석

상사가 작업 속도에 대해 언급함(사건).

'나의 능력을 보여 줄 기회야. 집중해서 일을 끝내자'(생각).

'도전 의식을 갖고 집중하자'(감정).

'효율적으로 작업을 진행해 기한 내 완료하자'(행동).

감정은 연료와 같다. 긍정적 감정은 고성능 연료로 더 멀리 더 빠르게 우리를 나아가게 도와준다. 부정적 감정은 하급 연료로 엔진을 손상시키고 속도를 낮춘다. 생각은 감정에 영향을 주고 이것은 다시 행동으로 이어진다. 또한 행동은 다시 새로운 생각을 유발하고 다시 감정에 영향을 준다. 같은 사건이라도 우리의 생각과 해석에 따라 전혀 다른 감정과 행동으로 이어질 수 있다.

사건과 생각과 감정을 구분하면 현재 상황에서 나에게 닥친 실제적인 문제가 무엇인지 명확히 파악할 수 있고, 문제의 본질을 정확히 파악하면 더 효과적인 대응 방안을 마련할 수 있다. 하나의 사건에 대해 다양한 해석이 가능하다는 것을 인식하면, 더 매끄러운 사고가 가능하고, 우리의 감정이 사건 자체가 아니라 우리의 해석에서 비롯된다는 것을 이해하면, 감정을 더 잘 조절할 수 있게 된다.

사건과 생각과 감정을 구분하는 능력은 단순한 개념적 이해를 넘어 실질적인 삶의 변화를 가져올 수 있다. 처음에는 어렵고 시간이 걸릴 수 있지만, 점차 숙달되면 자동적으로 이뤄질 것이다. 이런 구분을 통해 우리는 자신의 사고 패턴을 더 잘 이해하고, 필요에 따라 이를 수정할 수 있게 된다.

우리의 행동을 조종하는 자동적 사고와 신념들

감정을 컨트롤하려면 우선 우리의 생각을 이해하고 수정하는 것에서 시작해야 한다. 감정은 사건이 아니라 해석이다. 감정을 냉정하게 바라보려면 객관적으로 일어난 일만을 기록하고(상황 기록), 그 사건에 대한 나의 즉각적인 생각을 포착하고(자동적 사고 발견), 그 생각으로 인해 느끼는 감정을 인식하고(감정 인식), 같은 사건에 대해 다른 해석은 없을지 탐색하고(대안적 생각 탐색하기), 대안적 사고를 통해 새로운 감정과 행동을 선택해야 한다(새로운 선택).

자동적 사고는 우리가 의식적으로 노력하지 않아도 자연스럽게 떠오르는 생각이다. 이는 우리의 경험, 신념, 가치관에 기반해 형성된다. 자동적 사고의 특징은 빠르고 즉각적이며, 대부분 무의식적으로 일어나고, 상황에 대한 우리의 해석을 반영하며, 종종 왜곡되거나 비합리적일 수도 있다. 예를 들어 친구가 길에서 인사를 하지 않고 지나갔을 때 '나를 무시하는 건가?', '내가 잘못한 게 있나?', '무슨 안 좋은 일이 있나?' 하고 드는 생각들은 각각 다른 감정과 행동을 유발한다.

자동적 사고와 행동 패턴은 더 깊은 수준의 신념 체계에 의해 영향을 받는다. 이것을 핵심 신념과 중간 신념으로 구분할 수 있다. 핵심 신념은 나, 타인, 세상에 대한 가장 근본적이고 깊은 믿음을 말한다. 절대적이고 보편적이고 융통성이 없으며 주로 어린 시절 경험을 통해 형성된다는 특징이 있다. '나는 무가치한 사람이다', '세상은 위험하다' 등의 생각들과 같다.

중간 신념은 핵심 신념과 자동적 사고 사이를 연결하는 신념이다. 이는 규칙, 태도, 가정의 형태로 존재한다. '항상 완벽해야 한다', '실패하면 안 된다' 등의 생각들과 같다. 이는 특히 부적응적인 신념을 더 현실적으로 바꾸는 작업을 한다. 장기간의 노력과 실천이 필요한 과정이다. 정리하자면 이런 구조를 띤다고 볼 수 있다.

'핵심 신념 - 중간 신념 - 자동적 사고 - 감정과 행동'

나를 괴롭히는
내면 아이와 비판자

우리가 항상 변화를 결심해도 행동으로 옮기기 어려운 이유 중 하나는 우리 내부에 존재하는 '상처받은 내면 아이'에게서 해답을 찾을 수 있다. 상처받은 내면 아이는 어린 시절의 트라우마나 부정적 경험으로 인해 심리적으로 상처받고 고통받는 나의 또 다른 자아를 의미한다.

이는 자존감, 자기 효능감을 감소시켜 실행력을 저하시킨다. 과거의 상처로 인해 실패를 두려워하거나, 도전을 피하려는 경향도 만들어 낸다. 어릴 때 부모에게 비판받은 경험은 성인이 되어서도 영향을 끼쳐 새로운 일의 시작을 주저하게 만든다. 무거운 짐을 짊어진 등산가의 모습을 떠올려 보자. 짐이 무거울수록 정상에 오르는 데 걸리는 시간은 더 길고, 더 빨리 지치게 된다.

상처받은 내면 아이를 계속 방치하면 '내면의 비판자'가 된다. 내면의 비판자는 자신에 대해 부정적이고 비판적인 목소리를 내는 내면의 자아를 의미한다. 끊임없는 자기 비판은 자존감을 낮추고 실패에 대한 두려움을 증폭시켜 실행력을 감소시킨다.

내면의 비판자는 비현실적으로 높은 기대를 설정하고, 이를 충족하지 못하면 자책하게 만들어 실행력을 떨어뜨린다. '난 항상 실패해'라는 내면의 목소리는 새로운 도전을 막는다. '완벽하지 않으면 아무 의미가 없어'라는 생각은 작은 성취를 무시하고, 동기 부여를 감소시킨다.

내면의 비판자는 사막에서 물을 찾으려는 여행자에게 끊임없이 '넌 절대 물을 찾을 수 없어'라고 말하는 비관적인 가이드와 같다. 그런 가이드는 기분 좋게 누려야 할 여행에서 여행자의 의욕과 의지를 꺾고, 목적지에 도달하기 어렵게 만든다. 부정적 감정, 상처받은 내면아이, 내면의 비판자는 모두 우리의 실행력에 직접적 영향을 미친다. 이런 내면의 요소들을 이해하고 이를 관리하고 치유하는 과정이 필요하다.

한 젊은 직장인이 퇴근 후 커피숍에 앉아 노트북을 켠다. 화면에 비친 자신의 모습이 흐릿하게 보인다. 그는 오늘 회의에서 자신이 보인 과한 반응에 대해 곰곰이 생각해 본다. 왜 그토록 날카롭게 동료의 의견에 반박했을까? 잠시 눈을 감고 그 순간의 감정을 되짚어 본다.

우리의 감정은 수많은 물결이 이는 바다와 다르지 않다. 표면의 잔잔함 아래로 거대한 조류가 흐르고 있다. 분노라고 생각했던 감정의 실체는 때론 두려움일 수 있다. 짜증이라 여겼던 감정의 본질은 외로움일 수 있다. 우리의 현재 감정은 과거의 기억과 깊은 연관이 있다. 그는 상사의 피드백에 유독 예민하게 반응한다. 깊이 들여다보니 초등학교 시절, 발표 후 선생님의 혹평이 떠오른다. 그때의 상처받은 어린 그가 지금도 마음 한켠에서 움츠리고 있다.

우리의 현재 감정은 과거의 기억과 깊은 연관이 있다. 매일 아침 출근 준비를 하며 거울을 보는 순간은 특별하다. 화장을 하고 옷매무새를 다듬는 그 시간, 우리는 자신을 가장 솔직하게 마주한다. 눈가의 피곤함, 입꼬리의 긴장감, 어깨의 무게감. 이 모든 것이 우리의 내면 상태를 반영한다.

거울 속 자신을 바라보며 매일 아침 세 가지 질문을 던져 보자.

지금 내 마음은 어떤 색깔인가?
오늘 내가 가장 필요로 하는 것은 무엇인가?
나는 지금 무엇을 위해 애쓰고 있는가?

이러한 자문자답의 시간은 그날의 나침반이 된다. 더 나은 선택을 할 수 있는 힘이 된다. 오늘의 깨달음은 내일의 발견으로 이어진다. 우리가 자신의 내면을 더 깊이 이해할수록 삶은 더욱 선명해진다. 결정은 더욱 현명해지고 인간관계는 더욱 깊어진다.

감정은 누려워할 대상이 아니다. 우리를 더 깊은 자아로 인도할 뿐이다. 우리가 해야 할 일은 그저 감정이 가리키는 방향을 주의 깊게 읽어 내는 것이다. 우리 자신을 더 잘 이해하는 방법은 무엇이 있을까?

상처받은 내면 아이의 치유

심리학자 존 브래드쇼의 '상처받은 내면 아이의 치유' 이론은 오래된 상처에 새로운 밴드를 붙이는 것과 비슷하다. 예를 들어 어린 시절 부모님의 이혼으로 상처받은 사람이 있다고 하자. 이 사람은 성인이 되어서도 친밀한 관계를 맺는 것을 두려워할 수 있다.

이때는 과거의 경험을 재해석하고 현재의 자신을 사랑하고 이해할 필요가 있다. 이는 마치 어린 시절의 자신을 안아 주며 "그때는 힘들었지만, 이제 넌 안전해"라고 말해 주는 것과 같다.

자기 연민 연구

심리학자 크리스틴 네프의 자기 연민 연구를 일상에 적용해 보면, 자신을 대하는 태도를 너무나 강압적이고 엄격한 선생님에서 이해심 많고 따뜻한 친구로 바꾸는 것과 같다. 예를 들어 다이어트 중에 과식을 했다고 하자.

내면의 비판자는 "넌 정말 의지가 약해. 이러니까 살이 안 빠지지"라고 비난할 수 있다. 반면 자기 연민의 태도는 "실수할 수 있어. 내일부터 다시 시작하면 돼"라고 말하는 것이다.

내면 아이 작업

정신 건강 전문가 다니엘 시겔의 내면 아이 작업을 실제 생활에 적용해 보면, 과거의 앨범을 꺼내 오래된 사진들을 새롭게 정리하는 것과 같다. 예를 들어 어린 시절 선생님께 심하게 꾸중 들은 기억 때문에 권위 있는 사람들 앞에서 긴장하는 사람이 있다고 하자. 시겔의 방법을 적용하면, 그 기억을 다시 떠올리며 현재의 관점에서 재해석하고 당시의 자신을 이해하고 위로하는 과정을 거칠 수 있다.

내면 가족 체계

가족치료사 리처드 슈워츠의 내면 가족 체계 이론을 일상에 적용하면, 내면의 여러 목소리를 하나의 합창단으로 만드는 것과 같다. 예를 들어 중요한 결정을 앞두고 있을 때, 우리 안의 여러 부분(두려워하는 부분, 모험을 즐기는 부분, 신중한 부분 등)이 각자의 의견을 내놓을 수 있다. 이 이론을 적용하면, 이 모든 부분의 목소리를 듣고 조화롭게 통합해 균형 잡힌 결정을 내리는 연습할 수 있다.

트라우마

보스턴의과대학교 정신의학과 교수 베셀 반 데어 콜크의 연구는 트라우마가 우리의 뇌와 신체에 미치는 영향을 깊이 있게 다룬다. 그는 《몸은 기억한다》에서 어린 시절의 상처가 어떻게 성인의 삶에 영향을 미치는지를 설명한다. 오래된 집의 기초가 전체 건물의 안정성에 영향을 미치는 것과 같다. 예를 들어 어린 시절 심한 비판을 받고 자란 사람이 성인이 되어서도 작은 실수에 과도하게 반응하는 것은 이런 영향의 한 예다.

스키마

심리학자 제프리 영의 스키마 치료 이론은 우리의 내면에 형성된 부적응적 패턴을 다룬다. 이는 우리 마음속에 깊이 새겨진 지도와 같아서 무의식적으로 우리의 생각과 행동을 안내한다. 예를 들어 '나는 사랑받을 가치가 없다'는 스키마를 가진 사람은 건강한 연애 관계를 맺는 데 어려움을 겪을 수 있다.

발달 심리학

발달 심리학자 에릭 에릭슨의 심리 사회적 발달 이론은 우리의 내면 아이가 어떻게 형성되는지에 대한 통찰을 제공한다. 그의 8단계 발달 이론은 인생이라는 건물을 짓는 과정과 같다. 각 단계에서 적절한 발달이 이뤄지지 않으면, 마치 건물의 한 층이 불안정하게 지어진 것과 같아 이후의 발달에도 영향을 미친다. 예를 들어 유아기에 신뢰감을 제대로 형성하지 못한 사람은 성인이 되어서도 관계에서 신뢰 문제를 겪을 수 있다.

자기 인지 방법을 일상에 적용하는 것은 마음속의 자동 응답기를 새로 프로그래밍하는 것과 같다. 예를 들어 친구와의 약속에 늦었을 때 '나는 항상 이런 식이야. 정말 형편없는 사람이야'라는 생각이 자동으로 떠오를 수 있다. 이렇게 자동적으로 떠오르는 목소리를 '이번에는 늦었지만, 나는 보통 시간을 잘 지키는 편이야. 다음에는 더 일찍 출발해야겠다' 같은 더욱 균형 잡힌 생각으로 바꾸는 연습을 해보자.

최근의 신경 과학 연구들은 이런 심리학적 개념들에 과학적 근거를 더하고 있다. 예를 들어 리처드 데이비드슨의 연구는 명상과 자기 연민 연습이 실제로 뇌의 구조를 변화시킬 수 있다는 것을 보여준다. 이는 정신적인 운동을 통해 뇌의 근육을 단련하는 것과 같다. 스트레스에 민감한 편도체의 활성이 줄어들고, 감정 조절과 관련된 전전두엽의 활성이 증가하는 것이 그 예다.

브레네 브라운의 취약성에 대한 연구는 내면의 비판자를 다루는 새로운 관점을 제시한다. 그녀의 연구는 자신의 불완전함을 인정하고 받아들이는 것이 오히려 강점이 될 수 있다는 것을 보여 준다. 갑옷을 벗고 진정한 자신을 드러내는 것과 같다. 예를 들어 직장에서 자신의 실수를 솔직히 인정하는 리더가 오히려 팀원들의 신뢰를 얻는 것이다.

이런 다양한 연구와 이론들은 우리의 상처받은 내면 아이와 내면의 비판자를 이해하고 다루는 데 풍부한 통찰을 제공한다. 이는 마치 복잡한 퍼즐을 맞추는 것과 같아 각각의 연구가 퍼즐의 한 조각이 되어 전체 그림을 완성해 간다. 이를 통해 우리는 자신을 더 깊이 이해하고, 더 건강하고 균형 잡힌 삶을 살아갈 수 있는 도구를 얻을 수 있다.

내면이 단단해야
행동이 쉬워진다

상처받은 내면 아이를 돌보는 것은 연약한 새싹에 물을 주고 보살 피는 것과 같고, 내면의 비판자를 다루는 것은 과도하게 자란 가지 를 적절히 가지치기하는 것과 같다. 이는 시간과 인내가 필요한 과 정이다.

노력을 통해 우리는 더 균형 잡힌 정서와 행동을 가질 수 있게 된 다. 예를 들어 직장에서 더 자신감 있게 의견을 제시하거나, 인간관 계에서 더 건강한 경계를 설정하거나, 자신의 실수를 더 너그럽게 받아들이는 것이다. 이는 결국 우리가 더 행복하고 풍요로운 삶을 살아갈 수 있도록 돕는 중요한 과정이다.

상처받은 내면 아이와 내면의 비판자는 맞추기 어려운 퍼즐 조각 들이다. 하지만 이제 우리는 이 조각들을 인식하고, 올바른 자리에 놓을 수 있는 지혜를 얻게 되었다. 심리학의 다양한 이론과 연구들 은 우리에게 퍼즐을 맞추는 방법을 알려 주는 설명서와 같다. 이 설 명서를 따라가다 보면 우리는 자신의 모습을 더 선명하게 볼 수 있 다. 그 완성된 그림 속에서 우리는 자신에 대한 깊은 이해와 사랑을 발견할 수 있다.

상처받은 내면 아이를 돌보는 것은 오래된 집을 수리하는 것과 같 다. 처음에는 손상된 부분이 너무 많아 보여 막막할 수 있지만, 하나 씩 고치다 보면 어느새 아늑하고 편안한 공간으로 변하게 된다. 내 면의 비판자를 다루는 것은 우리 마음속의 시끄러운 라디오 소리를 조절하는 과정이다. 처음에는 주파수를 맞추기 어려울 수 있지만,

꾸준히 노력하다 보면 우리가 듣고 싶은 평화로운 음악만 들을 수 있다.

이 여정은 등산과 같다. 때로는 가파르고, 때로는 숨이 차기도 할 것이다. 하지만 한 걸음 한 걸음 올라갈 때마다 우리는 더 넓은 시야를 얻고, 결국 정상에 올랐을 때는 그 모든 노력이 가치 있었음을 깨닫는다. 앞서 언급한 기법들은 우리의 등산 장비와 같다. 이들은 우리가 안전하게 오르고, 길을 잃지 않도록 도와주는 도구다.

우리의 목표는 완벽한 사람이 되는 것이 아니다. 우리의 다양한 모습을 있는 그대로 받아들이고, 우리의 불완전함까지도 포용하는 것이다. 오래된 가족 앨범에는 웃음 띤 사진도 있고 울고 있는 사진도 있지만, 그 모든 순간이 지금의 우리를 이루는 소중한 기억들로 작용한다. 이 여정을 통해 우리는 더 단단해지고, 더 현명해지며, 더 따뜻한 사람이 될 수 있다. 그러다 보면 자신뿐만 아니라 다른 이들의 내면 아이도 이해하고 돌볼 수 있게 된다. 우리가 받은 사랑과 이해를 다른 이들에게 나눠 주는 것과 같다.

당신의 내면 아이에게 따뜻한 포옹을 건네고, 내면의 비판자와 차분히 대화를 나누어 보자. 그들은 당신에게 많은 것을 알려 줄 것이다. 이 여정이 때로는 힘들고 지칠 수 있지만, 그 끝에는 더 풍요롭고 의미 있는 삶이 기다리고 있다. 당신은 이미 그 여정의 첫걸음을 떼었다. 이제 한 걸음 한 걸음, 자신을 이해하고 사랑하는 길을 걸어가면 된다. 그 길에서 당신은 진정한 자신을 만나 더 행복하고 균형 잡힌 삶을 살아갈 수 있을 것이다.

뇌를 반짝이게 하는
긍정적 자기 대화

당신의 뇌에서는 24시간 쉬지 않고 방송하는 라디오 스테이션이 있다. 이 방송의 DJ는 다름 아닌 당신 자신이다. 문제는 대부분 사람이 이 방송을 무의식적으로 부정적인 주파수에 고정해 놓는다는 것이다. "넌 할 수 없어", "넌 실패자야", "넌 충분히 잘하고 있지 않아" 하고 독백이 끊임없이 흘러나온다. 이것이 바로 부정적 자기 대화의 실체다.

하지만 오늘 우리는 이 방송국을 완전히 뒤엎을 것이다. 부정의 주파수를 희망과 자신감의 채널로 바꾸는 마법 같은 기술, 바로 긍정적 자기 대화의 힘을 반드시 내 삶에 녹여 내야 한다.

우리의 뇌는 놀라운 비밀을 간직하고 있다. 바로 긍정적 자기 대화가 뇌의 전전두엽을 활성화시킨다는 것이다. 뇌 속에 숨겨진 슈퍼 파워를 깨우는 것과 같다. 전전두엽은 우리 뇌의 지휘자와 같은 역할을 한다. 이 부위가 활성화되면 우리의 의사 결정 능력, 감정 조절, 그리고 목표 지향적 행동이 크게 향상된다. 그렇다면 이 놀라운 변화는 어떻게 일어나는 것일까?

한 피아니스트가 건반 앞에 앉아 끊임없이 연습하듯, 우리의 뇌도 반복되는 생각으로 새로운 신경 회로를 만들어 낸다. 신경 가소성이란 이런 뇌의 놀라운 능력을 설명하는 과학적 개념이다. 우리의 뇌는 고무찰흙처럼 유연해 새로운 경험과 생각으로 끊임없이 재구성된다.

매일 아침 거울을 보며 "오늘도 멋진 하루가 될 거야"라고 말하는 짧은 순간, 우리의 뇌에서는 놀라운 변화가 일어난다. 전전두엽이 밝게 빛나기 시작하고, 수많은 뉴런이 새로운 연결을 만들어 낸다. 긍정적인 자기 대화 한마디가 뇌 속에서 작은 축제를 연다.

우리의 뇌는 정교한 극장과 같다. 생각, 감정, 행동이라는 세 배우가 끊임없이 상호 작용하며 인생이라는 연극을 만들어 간다. 인지 행동 이론은 이 세 배우의 춤을 설명한다. 한마디의 긍정적인 대사가 무대 전체의 분위기를 바꾸듯, 긍정적 생각은 감정과 행동의 연쇄적인 변화를 이끈다.

긍정적 자기 대화는 우리 몸 속에 아름다운 정원을 가꾼다. 스트레스라는 잡초를 제거하는 동시에 행복이라는 꽃을 피워 낸다. 코르티솔이라는 스트레스 호르몬은 줄어들고, 세로토닌과 도파민이라는 행복의 꽃들이 만발한다.

최신 뇌 영상 연구들은 긍정적 자기 대화의 순간을 생생하게 보여 준다. 우리가 스스로를 격려할 때마다 뇌는 반짝이며 빛난다. 이는 단순한 심리적 위안이 아닌 과학적으로 입증된 변화의 증거다. 우리는 하루에 수만 번의 자기 대화를 한다. 이 대화들이 모여 우리의 뇌를 조각하고 운명을 빚어 간다. 긍정적 자기 대화는 뇌의 잠재력을 깨우는 황금 열쇠다. 지금 이 순간에도 당신의 말 한마디는 새로운 신경 회로, 새로운 패턴을 만들어 내고 있다.

모든 것을 바꾸는
긍정의 힘

당신이 하는 말 한마디가 당신의 뇌를 바꿀 수 있다면 믿겠는가? 놀랍게도 이는 과학적으로 증명된 사실이다. 필라델피아 토머스 제퍼대학병원 신경과 의사 앤드류 뉴버그는 우리가 사용하는 언어가 실제로 우리의 뇌 구조와 기능을 변화시킨다는 충격적인 사실을 밝혀냈다.

뉴버그의 연구에 따르면 단 한마디의 긍정적인 말이라도 우리 몸의 스트레스 관리 시스템을 총괄하는 유전자의 발현에 영향을 미친다. 말이 DNA에 새겨진 비밀 코드를 활성화시키는 것과 같다. 상상해 보자. 당신이 하는 말 한마디가 당신의 유전자를 깨우는 마법의 주문이 되는 것이다.

더욱 흥미로운 것은 긍정적인 말이 우리 뇌의 지휘자라 불리는 전두엽까지 활성화시킨다는 점이다. 전두엽은 우리의 사고, 계획, 판단, 감정 조절을 담당하는 뇌의 CEO와 같다. 긍정적인 말을 많이 할수록 이 CEO가 더욱 열심히 일하게 되는 것이다. 그 결과 우리는 더 현명한 판단을 내리고, 감정을 잘 조절하며, 스트레스도 더 잘 관리할 수 있게 된다.

반면 부정적인 말은 뇌의 CEO를 무력화한다. 전두엽 기능이 저하되면 우리는 주의력이 떨어지고, 충동적으로 사고하며, 우울증에 빠질 위험도 높아진다. 극단적인 경우 자살 같은 위험한 생각으로 이어질 수도 있다. 이는 마치 말이 뇌 속에 있는 작은 스위치를 켜고 끄는 것과 같다. 긍정적인 말은 성공 스위치를 켜고, 부정적인 말은 실패 스위치를 켜는 셈이다.

이야기는 여기서 끝나지 않는다. 긍정적인 말은 두정엽이라는 또 다른 뇌 영역도 활성화시킨다. 두정엽은 우리가 세상을 인식하는 방식을 결정짓는 중요한 부위다. 긍정적인 말을 많이 사용하면, 두정엽은 마치 장밋빛 안경을 쓴 것처럼 세상을 더 아름답게 인식하게 만든다. 자신에 대한 긍정적인 인식은 타인에 대한 긍정적인 시각으로 이어지고, 결국 우리는 전체 세상을 더 밝고 아름답게 바라보게 된다. 긍정적인 말 한마디가 뇌의 여러 부위를 차례로 활성화시키고, 그것이 우리의 사고방식, 감정, 행동을 변화시키며, 궁극적으로는 우리의 삶 전체를 바꾸는 것이다.

이제 당신 차례다. 지금 당장 시작하자. 먼저 당신의 부정적 자기대화를 포착하라. 마치 숙련된 첩보 요원이 적의 통신을 엿듣듯 당신의 내면의 목소리를 주의 깊게 들어보라. 그리고 그 부정적 메시지를 즉시 긍정적이고 힘을 주는 메시지로 바꿔라.

난 이 발표를 망칠 거야.

→ 이 발표는 능력을 보여 줄 완벽한 기회야.

난 이 문제를 절대 해결할 수 없어.

→ 모든 문제에는 해결책이 있고, 난 그것을 찾아낼 거야.

난 변화하기에는 너무 늦었어.

→ 지금이야말로 새로운 시작을 할 완벽한 타이밍이야.

이제 이 새로운 메시지를 당신의 뇌에 새겨 넣어라. 마치 고대의 연금술사가 납을 금으로 바꾸려 끊임없이 노력했듯, 당신도 부정의 납을 성공의 금으로 바꾸는 연금술사가 돼야 한다. 매일 아침 거울을 보며 긍정적인 문장들을 소리 내 읽어라. 휴대폰 배경화면에 적어라. 잠들기 전 마지막으로 떠올리는 생각이 되게 하라.

당신의 뇌는 반복되는 메시지를 진실로 받아들인다. 이는 마치 물방울이 바위에 구멍을 내는 것과 같다. 한 방울로는 아무 일도 일어나지 않지만, 끊임없는 반복은 결국 단단한 바위조차 뚫는다. 당신의 부정적 믿음이라는 바위도 마찬가지다.

드웩은 이를 성장 마인드셋이라고 부른다. 그녀의 연구에 따르면, 자신의 능력이 성장할 수 있다고 믿는 사람들은 그렇지 않은 사람들보다 학업 성취도가 53% 높았다. 이는 단순한 긍정적 사고가 아니라 뇌를 재프로그래밍하는 것이다.

과학자들은 이를 '자기 실현적 예언'이라고 부른다. 믿는 것이 현실이 되는 것이다. 포드 자동차의 창업자인 헨리 포드는 이렇게 말했다.

"할 수 있다고 생각하는 사람은 할 수 있고, 할 수 없다고 생각하는 사람은 할 수 없다. 이것은 움직일 수 없는 불변의 법칙이다."

자, 이제 결단의 시간이다. 당신은 오늘부터 자신 내면의 디제이가 되기로 선택할 것인가? 부정적이었던 과거의 히트 곡들을 과감히 폐기하고 희망과 자신감의 새로운 앨범을 틀기로 결심할 것인가? 이는 단순한 선택이 아닌 당신의 인생을 완전히 바꿀 수 있는 혁명적인 결정이다.

지금 이 순간부터 당신은 자신의 생각을 바꾸고 그 생각이 당신의 현실을 바꾸는 마법 같은 순간을 목격하게 될 것이다. 당신은 내면의 대화를 통제할 수 있는 유일한 사람이다. 그 힘은 오직 당신의 것이다. 지금 바로 시작하라. 당신의 새로운 인생이 기다리고 있다.

오늘부터 자신의 말에 귀 기울여 보자. 부정적인 말을 긍정적인 말로 바꾸고 지켜보자. 당신의 뇌와 인생이 어떻게 변화하는지. 당신이 내뱉는 한마디 한마디가 당신의 뇌를 재프로그래밍하고, 당신의 운명을 새로 쓰고 있다는 사실을 깨닫게 될 것이다. 말의 힘을 믿는가? 이제 그 힘을 직접 경험해 볼 시간이다. 당신의 말이 만들어 낼 기적을 기대한다.

인생을 송두리째 바꾸는 생각의 리셋 버튼

생각의 힘을 강조한 사람은 많다. 나폴레온 힐, 어니스트 홈즈, 앤서니 로빈스, 루이스 헤이, 에스더 힉스, 조 디스펜자…. 긍정적 생각과 명확한 목표가 원하는 인생을 만들어 가는 데 필수적이라는 것은 모두 한번쯤 들어 봤을 것이다. 그러나 정작 생각의 힘을 제대로 알고 활용하는 사람은 극소수라는 것이 문제다. '원래 나는 게을렀어'라는 문장을 살펴보자. 이 문장은 과연 항상 논리적일까?

태어난 지 아홉 달이 지난 아이 '리틀 앨버트'를 대상으로 한 실험은 행동주의 심리학의 모태가 된 실험이다. 앨버트는 처음에는 하얀 쥐, 토끼, 원숭이 등 다양한 자극에 대해 두려움을 보이지 않았다. 그러나 하얀 쥐를 보여 주면서 강철 막대기를 망치로 치며 큰 소리를 내자 앨버트는 놀라 울음을 터뜨렸다. 실험은 이를 여러 번 반복했다. 몇 번의 반복 후 앨버트는 하얀 쥐만 발견해도 두려워하며 울음을 터뜨리게 되었다. 이후 하얀 쥐뿐만 아니라, 하얀 토끼, 하얀 가면 등 유사한 흰색의 물체에 대해서도 두려움을 보였다.

앨버트는 원래 털이 있는 동물을 좋아했다. 그러나 부정적 경험이 학습된 후로는 털이 있는 동물을 보면 두려움을 느끼게 되었다. 말하자면 앨버트는 동물을 좋아하는 본성을 가졌지만, 그가 자라 성인이 되어 누군가에게 동물에 대한 이야기를 한다면 "나는 '원래' 털이 있는 동물을 싫어해"라고 말할 가능성이 상당히 크다는 것이다.

'시간이 없어', '돈이 없어', '난 멍청해' 같은, 내가 나에게 갖고 있는 신념을 먼저 파악할 필요가 있다. 나는 이 신념을 왜 믿는지, 어디서 나온 신념인지, 신념에 대한 근거는 무엇인지 질문하는 순간 뇌는 답을 찾는 레이더망이 돌아간다. 새로운 신념을 새기는 건 뇌의 신경망을 새롭게 만드는 것이다.

우리는 성공의 비결을 노력과 재능에서 찾는다. 하지만 동일한 노력을 기울이고 비슷한 재능을 가진 사람들 사이에서도 성과 차이가 발생하는 이유는 무엇일까? 심리학자 게리 맥퍼슨의 연구를 통해 자기 정체성이 성과에 미치는 영향에 대해 알아보자.

맥퍼슨은 음악 교육을 받는 아이들의 성과 차이가 궁금했다. 비슷한 환경에서 비슷한 수준의 교육을 받는 아이들 사이에서 왜 실력 차이가 발생하는 걸까? 그는 음악 교육을 받는 157명의 아이들을 대상으로 조사를 시행했다. 아이들은 연습량이 동일한데도 실력이 크게 향상된 A 그룹과 상대적으로 낮은 성과를 보인 B 그룹으로 나뉘었다. 비슷한 연습량을 가진 157명 어린이들에게 연구진은 사전에 질문을 던졌었다.

"너는 얼마나 오래 음악을 할 거니?"

A 그룹은 음악을 평생 하겠다고 답했고, B 그룹은 1년 후 음악을 그만두겠다고 답했다. 맥퍼슨의 연구는 동일한 연습량에도 실력 차이가 발생하는 주요 원인으로 자기 정체성을 주목한다. 음악을 평생 하겠다고 결심한 아이들은 스스로에게 음악가라는 정체성을 부여했다. 내가 나를 어떻게 생각하냐에 따라 연습을 똑같이 해도 다른 결과가 나온 것이다.

어떤 목표를 이루고 싶다면 행동을 변화시키는 것을 넘어 목표와 일치하는 자기 정체성을 탑재하는 것이 중요하다. '나는 ~한 사람이다'라는 강한 신념은 우리의 행동을 변화시키고, 궁극적으로 우리가 원하는 결과를 이끄는 강력한 동력이 된다.

미국 조지아주의 초등학교 교사 크리스탈 존스는 빈민가 지역의 1학년 아이들을 맡게 됐다. 아이들은 모두 가정에서 예비 교육이랄 것을 전혀 받지 않은 상태로 입학했기 때문에 성적이 형편없었고 거의 망나니와 다름 없었다. 아이들이 안타까웠던 존스는 아이들을 '학자'라고 부르기 시작했다. 그는 교실에 누가 찾아오면 아이들을 학자라고 소개했다. 또 아이들로 하여금 학사가 무슨 뜻인지 방문객에게 직접 설명해 주도록 가르쳤다.

"여러분, 학자가 뭐하는 사람이죠?"
"학자는 새로운 걸 배우고, 배움을 즐거워하는 사람입니다!"

아이들은 일제히 목청 높여 대답하기에 이르렀다. 존스는 "여러분은 학자예요. 그날 배운 걸 집에 가서 가족에게 가르쳐 주세요. 학자는 남에게 가르쳐 주는 것도 좋아하거든요"라고 말했다.

시간이 흐르자 공부라면 고개부터 돌리던 아이들이 서서히 배움을 즐거움으로 여기게 되었다. 그리고 몇 달 후 아이들의 성적은 놀랍게도 금새 2학년 수준에 도달하게 되었다.

그는 "여러분은 이제 2학년입니다"라고 말하며 실제로 방학이 되기 전에 1학년 수료식을 열어 줬다. 1년 과정을 불과 몇 달 만에 마친 아이들은 스스로를 '2학년'이라고 부르며 즐거워했다. 그리고 1학년이 끝나갈 때쯤 되자 아이들의 90% 이상이 3학년 수준을 뛰어넘는 읽기 능력을 갖게 되었다. 불과 아홉 달 전까지만 해도 그 지역에서 가장 공부를 못했던 말썽꾸러기들이 어느새 가장 공부를 잘하는 우등생들로 탈바꿈했다. 이는 아이들이 스스로를 어떻게 생각하냐에 따라 변화된 것이다. 아이들은 부모나 교사, 주변 사람이 바라보는 대로 자신을 인지한다. 부모가 자신의 아이를 못난 아이, 부족한 아이라고 바라보면 실제로 그렇게 될 확률이 높다.

무심코 떠올린 부정적 생각을
긍정적 생각으로 전환하라

우리의 생각을 관찰해 보자. 마음은 끊임없이 흐르는 강과 비슷하다. 잠시도 멈추는 법이 없다. 깨어 있는 동안은 물론이고 잠들어 있을 때조차 우리의 뇌는 쉬지 않고 활동한다. 뇌가 마음을 만든다. 미국 국립과학재단의 연구에 따르면 인간은 하루에 의식적, 무의식적으로 수만 가지 생각을 하는데, 그중 90%가 부정적 생각이라고 한다. 이를 통해 우리가 얼마나 다양한 생각을 하는지 알 수 있다. 우리는 끊임없이 흐르는 생각 속에 숨은 진실에 대해 알아야 한다.

우리 마음은 부정적으로 편향돼 있다. 왜 이런 현상이 일어날까? 진화 심리학자들은 이를 생존 본능이라고 말한다. 우리의 조상들은 항상 위험에 대비해야 했다. 부정적 상황을 예측하고 대비하는 것이 생존에 유리했다는 것이다. 하지만 현대 사회에서 이런 성향은 오히려 우리의 삶의 질을 저하하는 요인이 되고 있다.

더욱 충격적인 사실은 부정적인 생각의 대부분이 어제 떠올랐던 생각의 반복이라는 점이다. 우리는 매일 같은 생각을 되풀이하면서도 그것이 새로운 생각인 듯 착각하고 있다. 같은 영화를 매일 보면서도 처음 보는 것처럼 동일하게 느낀다. 인지가 되지 않기 때문이다. 앞서 인지력을 강조한 이유다.

이런 반복적인 사고 패턴은 우리 삶을 정체시키고 변화와 성장을 방해한다. 새로운 아이디어와 관점을 받아들일 기회를 스스로 차단하는 것이다. 가장 큰 문제는 대부분 사람이 이런 사실을 전혀 인지하지 못한 채 살아간다는 점이다. 우리는 자기의 생각이 독창적이고 합리적이고 현실을 정확히 반영한다고 믿는다. 하지만 실제로는 고정 관념, 편견, 과거 경험에 의해 왜곡된 생각들을 반복하고 있을 뿐이다.

무지는 자기 성찰의 기회를 빼앗고, 개인의 성장을 저해한다. 우리는 사고 패턴을 객관적으로 바라보는 능력을 키워야 한다. 당신은 사실을 인지하고 변화의 여정을 선택할 것인가? 아니면 계속해서 같은 패턴에 머물 것인가?

나의 생각을 관찰하는 습관을 기르는 것부터 시작해 보자. 명상, 마음 챙김을 통해 우리는 자신의 사고 패턴을 더 잘 이해하고, 부정적이고 반복적인 생각의 고리를 끊을 수 있다. 의식적으로 긍정적 생각을 하려고 노력하고 새로운 정보에 나를 열어 두는 것도 중요하다. 우리 마음은 무한한 잠재력을 가진 놀라운 도구다. 이제 그 잠재력을 온전히 발휘하도록 쳇바퀴 같은 사고의 미로에서 벗어나야 한다. 내가 하는 말과 생각들이 전부 내가 원하는 않는 것들을 표현하고 있다면 나의 인생은 어떻게 되겠는가?

문제는 생각을 마음대로 조정할 수 없다는 것에 있다. 생각은 기본적으로 부정적인 방향에서 시작하기에 이는 우리에게 스트레스로 작용된다. 생각이 많고 스트레스가 많으면 원하는 목표가 흐려진다. 목표가 흐려지니 실행도 자연스럽게 멀어진다.

부정적인 사고 패턴에 갇히면 불안도가 높아진다. 이런 사고 패턴을 빠르게 전환해 긍정적 생각으로 바꾸는 것이 중요하다. 우리의 뇌는 마음이 중요하다고 믿고 동의하는 것을 읽고 싶어 한다. 이때 활발히 작용하는 부분이 망상 활성계다.

망상 활성계는 뇌의 필터 역할을 한다. 새로운 차를 구입한 후 길거리에서 유독 같은 모델의 차가 많이 보이는 경험을 해 본 적 있는가? 중요한 정보를 인식하고 관련된 시각 정보를 필터링해 더 많이 보이게 만드는 것이다. 라디오 주파수를 특정 채널에 맞추면 내가 맞춘 채널의 방송이 들린다. 당장 집중해야 할 정보에 주파수를 맞추어 명확하게 인식하는 것이다.

망상 활성계는 우리의 주의력, 필터링에 중요한 역할을 한다. 중요한 정보는 집중하고 불필요한 정보는 걸러 낸다. 주의를 기울여야 할 대상을 명확히 설정하고 긍정적 자기 암시를 통해 망상 활성계를 활용하는 방법을 연습할 수 있다. 내가 원하는 것을 계속 나에게 지속적으로 말해 줘야 내가 원하는 패턴이 다시 새겨진다.

지금 바꿀 수 있는 부분에 온 힘을 다해라

생각은 자동적으로 떠오르는 것이라 처음에는 다루기가 만만치 않다. 그래서 매사 의도적, 의식적으로 통제 가능한 것에 집중하는 훈련이 필요하다. 통제할 수 없는 것들에 집중하다 보면 자연스레 무력감과 괴로움이 따라온다. 우리는 보통 우리를 힘들게 하는 것들, 주체가 내가 아닌 것들에 목매여 사는 경우가 많다. 이때 우리가 알아야 할 중요한 부분은 세상에 통제할 수 있는 것은 나 하나라는 사실이다.

셀리그만은 통제감을 갖는 것이 스트레스 관리에 얼마나 중요한지 연구했다. 그는 '학습된 무기력'이라는 개념을 통해 사람들이 자신이 통제할 수 없는 상황에서 반복적으로 실패를 경험할 때 무기력해진다는 것을 발견했다. 현재의 상황에 대한 반응을 넘어 미래에도 내가 아무것도 할 수 없다고 믿게 되는 것이다. 또한 연구는 통제할 수 있는 부분에 집중하고 그에 따라 행동할 때 사람들이 더 긍정적이고 주도적인 삶을 살 수 있음을 입증했다. 이는 우리가 어떤 생각에 집중하느냐가 얼마나 중요한지를 보여 주는 명확한 증거다.

하버드대학교 심리학 교수 숀 아처의 연구가 이를 뒷받침한다. 그는 긍정적인 마음가짐과 통제감 사이의 관계에 대해 연구했는데, 사람들이 통제할 수 있는 부분에 집중할 때 더 행복하고 생산적인 삶을 산다는 것을 발견했다. 통제할 수 없는 스트레스 요인보다는 통제할 수 있는 작은 승리에 집중할 때 전반적인 행복과 성공이 증가한다는 것이다.

연구는 우리가 일상에서 작은 목표를 세우고 달성함으로써 점진적으로 삶의 질을 향상시킬 수 있다는 점을 의미한다. 그러려면 내가 컨트롤할 수 있는 것에 초점을 맞출 필요가 있다. 우리가 명심해야 할 중요한 사실은 세상에서 우리가 진정으로 통제할 수 있는 것은 오직 우리 자신뿐이라는 것이다.

1. 매 순간 생각을 관찰하고 통제 가능한 영역에 있는지 점검한다.
2. 통제 가능한 영역에서 구체적이고 달성 가능한 목표를 세운다.
3. 생각에만 머무르지 않고 할 수 있는 작은 행동부터 시작한다.
4. 통제할 수 없는 상황을 바라보는 관점을 변화하는 데 집중한다.
5. 현재에 집중하고 불필요한 걱정에서 벗어나는 훈련을 한다.

사고 전환은 말처럼 쉽지 않다. 우리가 오랫동안 쌓아 온 사고 패턴은 단단한 바위와 같이 쉽게 부서지지 않기 때문이다. 꾸준한 노력과 인내를 통해 점진적인 변화를 꾀할 뿐이다. 매일 조금씩 우리의 생각을 관찰하고 통제 가능한 영역으로 돌리는 훈련을 계속한다면 시간이 지남에 따라 우리의 사고 패턴은 변화할 것이다.

결국 우리의 생각을 통제하고 다루는 능력은 곧 우리 삶의 방향을 결정짓는 힘이다. 통제할 수 없는 것들에 매몰되지 않고 우리가 영향을 미칠 수 있는 영역에 집중함으로써 더욱 주도적이고 만족스러운 삶을 살 수 있다.

이는 단순히 긍정적으로 생각하라는 말이 아니다. 오히려 현실을 정확히 인식하고 그 안에서 우리가 할 수 있는 것에 초점을 맞추라는 것이다. 이를 통해 우리는 삶의 주도권을 되찾고 진정한 의미에서의 자유를 경험하게 될 것이다.

생각이 현실을 만든다. 당신은 어떤 생각을 선택하며 어떤 현실을 만들어 나갈 것인가? 결국은 나에게 유리한 선택을 쌓아 가야 한다. 유리한 생각은 긍정적 생각이다. 부정적 사고 패턴을 인식하고 긍정적이고 현실적인 사고를 형성할 수 있게 해야 한다. 그리고 모든 훈련은 지극히 의식적, 의도적, 기계적으로 이뤄져야 한다.

어떻게 부정적 자동 사고를 인식하고 그것이 행동과 감정에 영향을 미치는지 이해할 수 있을까? 영향을 이해했다면 우리는 어떻게 행동해야 할까?

사고를 전환하는
다양한 방법들

우선 특정 상황에서 떠오른 부정적 생각을 기록한다. 그 생각으로 인해 느낀 감정과 실제로 반응한 나의 행동을 작성한다. 그 생각의 근거와 반박할 근거를 도출한다. 예를 들어 중요한 발표를 앞둔 상황이라면, '나는 이 발표를 망칠 거야'는 자동 사고이고, 불안과 두려움은 느끼는 감정이며, 이뤄지는 행동은 준비를 미루거나 발표 연습을 피하는 것이다. 이때 우리는 "나는 이전에도 발표를 성공적으로 마친 경험이 있어. 준비를 철저히 했으니 잘할 수 있을 거야!" 하고 반박할 수 있어야 한다.

자동 사고 기록은 자동차의 블랙박스와 같다. 상황이 발생했을 때 그 원인과 결과를 기록해 문제를 명확히 분석하고 개선할 수 있기 때문이다. 우선 부정적인 생각을 인지하고 그것이 비현실적이거나 과장되어 나타난 부분을 파악한다. 부정적인 생각을 더 현실적이고 긍정적인 생각으로 대체한다. 생각을 반박할 긍정적이며 현실적인 근거를 찾는다. 새로운 긍정적 생각을 반복적으로 연습한다. 내 안에서 그 말이 먼저 떠오를 때까지 훈련한다. '나는 절대 성공할 수 없어' 같은 부정적 생각 대신, '나는 과거에 많은 어려움을 극복한 경험이 있어. 이번에도 해낼 수 있어'라고 반박하며, '나는 도전할 가치가 있는 사람이고 성공할 가능성이 충분해'라는 새로운 생각을 도출할 수 있는 것이다.

생각의 재구성은 정원에서 잡초를 뽑아내고 건강한 식물을 심는 과정과 같다. 잡초 같은 부정적 생각은 제거하고 긍정적 생각을 심어 성장시키는 것이다.

노출 요법도 좋은 방법이다. 노출 요법은 수영을 배울 때 단계적으로 깊은 물에 들어가는 과정과 같다. 처음에는 얕은 물에서 연습하다가 점점 깊은 물로 나아가며 익숙해지는 것이다. 이는 두려움과 불안을 유발하는 상황에 나를 의식적으로 또 점진적으로 노출시켜 감정을 서서히 감소시키는 작업이다. 상황을 단계별로 나눠 가장 덜 두려운 것부터 시작한다. 점진적으로 더 어려운 상황에 노출되며, 각 단계에서 느끼는 감정을 기록하고, 다루는 방법을 연습해 보자. 직접 상황을 마주하는 것도 좋지만 시뮬레이션으로 진행해도 괜찮다. 사람들 앞에서 발표할 일이 있다면 우선 거울 앞에서, 친구 앞에서, 소규모 그룹 앞에서, 그리고 대규모 청중 앞에서 발표를 하는 식으로 천천히 단계를 올리는 것이다.

불확실한 인생을 이기는 유연성과 지속성

자기 대화를 수정하는 것은 낡은 레코드를 새로운 판으로 교체하는 것과 같다. 부정적 대화를 긍정적 대화로 바꿔 새로운 정신적 리듬을 만들어 내는 것이다. 이는 우리의 감정과 행동을 효과적으로 관리하고, 목표 달성을 위한 실행력을 높일 수 있다.

자책과 자기 비난을 많이 하는 사람의 특징을 살펴보면 인생이 변수와 문제 해결의 연속이라는 지각이 없는 경우가 많다. 계획이 조금 틀어지고 생각처럼 안됐다고 자책하며 귀한 에너지를 굳이 자신을 비난하는 데 쓸 필요가 있을까? 인생은 단순하지 않다. 그러나 우리는 보통 인생을 두 가지 방식으로 바라본다.

모든 것이 계획대로 완벽하게 진행되는 이상적인 시나리오.

예상치 못한 변수와 장애물이 등장하는 현실적 시나리오.

우리가 아무리 철저히 계획을 세우고 준비해도 인생은 항상 예상치 못한 상황을 던져 준다. 이런 현실을 인정하고 받아들이는 것이 첫 단계다. 인생이 변수의 연속이라는 사실을 인지하면 우리는 어떻게 지혜롭게 대처할 수 있을까? 답은 유연성에 있다. 유연성은 우리가 변화하는 상황에 적응하고 예상치 못한 도전을 극복할 수 있게 해 주는 핵심적인 능력이다. 우선 변수 규칙을 세워 보자. 우리의 계획이 예상대로 진행되지 않을 때를 대비한 대안적 행동 가이드를 미리 설정하는 것이다.

기존 계획: 아침 6시에 일어나 자격증 공부를 2시간 한다.

변수 규칙: 만약 8시에 일어났다면, 최소 5분 만이라도 자격증 관련 내용을 읽는다.

아침 6시에 일어나서 책을 읽기로 했는데 겨우 8시에 눈을 뜨고 출근을 준비하며 그날 아침에 세웠던 계획을 모두 포기하고 자책에 빠진 경험이 있을 것이다. 이런 경험을 한 사람은 한 번이 아니라 매번 그럴 확률이 높다. 이것 또한 하나의 패턴이기 때문이다. 이때 변수 규칙은 완전히 계획을 포기하지 않고, 어떤 상황에서도 작은 성공을 할 수 있도록 도와준다.

유연성을 높이는 또 디른 방법은 부스러기 목표를 설정하는 것이다. 부스러기 목표란 우리가 어떤 상황에서도 달성할 수 있는 가장 작은 단위의 목표를 말한다. 정말 작아야 한다. '내가 설마 이 정도도 못한다고?' 싶을 정도로 작은 목표를 의미한다. 일반적인 목표가 '하루에 책 한 장 읽기'라면, 부스러기 목표는 '하루에 책 한 문장이라도 읽기' 정도로 가벼운 것이다. 부스러기 목표의 장점에는 다음과 같은 것들이 있다.

큰 목표가 어렵다면
작은 목표부터 시작하자

지속성

아무리 바쁘거나 피곤한 날이라도 부스러기 목표는 쉽게 달성할 수 있기 때문에, 꾸준히 습관을 유지할 수 있게 도와준다.

심리적 부담 감소

큰 목표는 우리를 압도한다. 압도감은 미루기, 게으름, 완벽주의로 나타난다. 반면 작은 목표는 쉽게 시작할 수 있는 동기를 준다.

성취감 증진

작은 목표라도 달성했을 때 느끼는 성취감은 향후 더 큰 목표를 향해 나아갈 수 있는 동력이 된다.

유연성 확보

부스러기 목표는 우리의 상황과 컨디션에 따라 유연하게 조절할 수 있는 여유를 준다. 주의할 점은 유연성을 갖는 것과 나를 쉽게 용서하는 것은 다르다는 점이다. 변수 목표 설정은 나태해진 나를 용서하는 것이 아니다. 오히려 어떤 상황에서도 나아갈 수 있는 무기를 확보하는 것이다.

변수 규칙과 최소 목표 설정은 단순히 목표 달성을 위한 전략이 아니다. 변화하는 환경 속에서도 자신의 가치와 목표를 잃지 않고 살아가는 삶의 철학이기도 하다. 우리는 완벽할 수 없지만, 꾸준할 수는 있다. 그리고 이 꾸준함이야말로 장기적인 성공과 만족의 핵심이다. 주요 목표나 습관에 대해 두세 가지의 변수 규칙을 미리 작성하고(변수 규칙 리스트 작성), 각 목표에 대해 최소한의 노력으로 달성할 수 있는 수준을 정의하며(부스러기 목표 정의), 매일 그날의 최소 목표를 달성했는지 체크하는 것이다(일일 체크리스트 활용). 최소 목표를 꾸준히 달성하다 보면 자연스럽게 더 큰 목표로 나아갈 수 있다(점진적 증가). 한 달에 한 번 정도 자신의 변수 규칙과 최소 목표를 검토하고 필요하다면 조정하는 것도 중요하다(정기적 검토).

인생은 예측 불가능한 변수의 연속이다. 그러나 이런 불확실성 속에서도 우리는 유연성과 지속성을 조화롭게 버무리며 우리의 목표를 향해 꾸준히 나아갈 수 있다. 작은 변화가 큰 차이를 만든다는 것을 몸소 깨닫기를 바란다.

| 3단계 |

실행하라

가장 효과적이고 효율적으로 움직이는 법

PATTERN

행동의
3가지 구성 요소

행동을 시작하기 전에는 그 행동의 근본적인 구조를 이해하는 것이 중요하다. 요리에서 단순히 레시피를 외우는 것보다 재료의 특성과 조리 원리를 아는 것이 더 효과적이다. 기본 원리만 제대로 알면 어떤 재료가 주어져도 맛있는 요리를 만들 수 있다. 마찬가지로 행동의 원리를 제대로 이해한다면 어떤 상황에 처하더라도 스스로 실행에 옮길 수 있다.

행동의 구조를 이해하는 것은 행동력 향상의 핵심이다. 스탠포드 대학교 행동설계연구소장 BJ 포그의 행동 모델에 따르면, 행동의 구성 요소는 자극, 능력, 동기의 세 가지다. 우리는 이 구조를 이해하고 적용함으로써 많은 행동 문제를 해결할 수 있다. 행동의 세 가지 구성 요소인 자극, 능력, 동기에 대해 자세히 살펴보자.

자극은 행동을 촉발하는 계기나 신호로, 행동 변화에 매우 중요한 요소다. 많은 경우 우리는 자극의 중요성을 간과하지만, 실제로 자극은 지속적인 행동 변화를 이끄는 핵심 동력이 된다. 자극은 외부적일 수도 있고 내부적일 수도 있다. 알람 소리나 메모 같은 외부적 자극, 배고픔이나 특정 감정과 같은 내부적 자극 모두 우리의 행동을 유발할 수 있다. 자극은 우리 주변 어디에나 존재한다. 스마트폰의 알림음, 냉장고에 붙여 둔 메모, 길거리의 광고판, 친구의 조언, 심지어 날씨 변화까지도 모두 행동을 유발할 수 있는 자극이 된다.

내부적 자극으로는 배고픔이나 피로함 등의 특정 생각이나 감정이 있다. 스트레스를 받았을 때 초콜릿이 당긴다거나, 불안할 때 손톱을 무의식적으로 물어뜯는 것도 내부적 자극에 의한 행동이다. 자극의 강도와 빈도는 행동의 발생 가능성에 큰 영향을 미친다. 강한 자극은 즉각적인 행동을 유발할 가능성이 높다. 갑자기 큰 소리가 나면 우리는 반사적으로 그 방향을 돌아보게 되는 반면 약한 자극은 무시하기 쉽다. 하지만 약한 자극이라도 반복적으로 노출되면 행동을 유발할 수 있다. 매일 아침 운동복을 보면서 '운동해야지'라고 생각만 하다가 어느 날 갑자기 실제로 운동을 시작하는 경우가 있다. 이는 누적된 자극의 효과라고 볼 수 있다.

자극을 효과적으로 활용하면 원하는 행동을 더 쉽게 실천할 수 있다. 물을 자주 마시고 싶다면 책상에 물병을 두거나 스마트폰에 정기적으로 알림을 설정할 수 있다. 운동을 습관화하고 싶다면 운동복과 운동화를 눈에 잘 띄는 곳에 두는 것이 도움이 된다. 반대로 피하고 싶은 행동이 있다면 그 행동을 유발하는 자극을 제거하거나 최소화하는 것이 효과적이다. 과도한 SNS 사용을 줄이고 싶다면 스마트폰의 알림 설정을 꺼 두거나 앱 아이콘을 홈 화면에서 제거할 수 있다. 결국 자극은 우리의 행동을 시작하게 하는 방아쇠 역할을 한다. 따라서 원하는 행동을 실천하기 위해서는 적절한 자극을 의도적으로 만들어 내고 관리하는 것이 중요하다.

여기서 알아 둬야 할 사실이 있다. 자극의 효과가 시간이 지남에 따라 감소할 수도 있다는 것이다. 이것은 인간의 적응 능력 때문이다. 후각을 예로 들면 이해가 쉽다. 처음에는 강렬하게 느껴지는 냄새도 계속해서 노출되면 점차 감각이 무뎌져 더는 인식하지 못하게 된다. 이를 후각 적응이라고 하는데, 행동을 유발하는 자극에도 비슷한 원리가 적용된다.

새로 시작한 운동 루틴을 위해 운동복을 눈에 잘 띄는 곳에 둔다고 가정해 보자. 처음에는 시각적 자극이 효과적으로 운동을 상기시키지만 시간이 지나면서 효과가 점차 줄어들 수도 있다. 운동복을 보는 것이 일상의 한 부분이 되어 버려 더는 특별한 자극으로 작용하지 않는 것이다.

스터디 그룹의 예도 이와 유사하다. 처음에는 그룹의 존재 자체가 강력한 자극이 되어 열심히 공부하게 만들지만 세 달 정도가 지나면 점차 흐지부지해지는 경우가 많다. 이것은 스터디 그룹이라는 자극에 적응되어 그 효과가 줄어든 결과다.

따라서 지속적인 행동 변화를 위해서는 자극을 주기적으로 점검하고 새롭게 설정하는 것이 중요하다. 한 번 깨끗이 청소한다고 집이 계속 깨끗한 상태로 유지되지 않듯이 한 번 설정한 자극으로 영구적인 행동 변화를 기대하기는 어렵다.

새롭게 자극하는
다양한 방법들

새롭게 자극하는 방법에는 여러 가지가 있다. 운동 자극의 경우 운동복의 위치를 주기적으로 바꾸거나, 새로운 운동 목표를 설정하거나, 운동 파트너를 바꾸는 등의 방법을 시도해 볼 수 있다. 스터디 그룹의 경우 새로운 학습 방법을 도입하거나, 그룹의 목표나 규칙을 재정립하거나, 새로운 멤버를 영입하는 등의 방법으로 자극을 새롭게 할 수 있다.

또한 다양한 종류의 자극을 동시에 활용하는 것도 효과적이다. 시각적 자극, 청각적 자극, 사회적 자극 등을 복합적으로 사용하면 한 가지 자극에 대한 적응을 어느 정도 방지할 수 있다. 운동 습관을 위해 운동복을 보이는 곳에 두는 것(시각적 자극), 운동 시간에 알람을 설정하는 것(청각적 자극), 운동 파트너와 약속을 정하는 것(사회적 자극) 등은 함께 활용할 때 더욱 효과적이다.

따라서 지속적인 행동 변화를 위해서는 자극을 주기적으로 점검하고 새롭게 설정하는 노력이 필요하다. 이는 단순히 자극을 제공하는 것에서 그치지 않고, 자극의 효과를 지속적으로 모니터링하고 관리하는 적극적인 과정이다. 이런 노력을 통해 우리는 원하는 행동 변화를 장기적으로 유지할 수 있게 된다.

여기서 고려할 점은 사람마다 반응하는 자극의 정도와 세기가 다르다는 것이다. 어떤 이에게는 강력한 동기 부여가 되는 자극이 다른 이에게는 전혀 효과가 없을 수 있다. 소셜 미디어에 목표를 공개적으로 선언하는 것이 누군가에게는 강력한 동기 부여가 될 수 있지만 다른 이에게는 오히려 목표에 대한 부담이 가중되는 느낌으로 작용할 수 있다.

또한 시각적 자극에 더 민감한 사람이 있는 반면, 청각적 자극에 더 잘 반응하는 사람도 있다. 따라서 자신에게 맞는 자극을 찾는 과정이 꼭 필요하다. 다양한 자극을 시도해 보고 그 효과를 관찰하며 자신에게 가장 잘 작용하는 자극의 유형과 강도를 파악하는 것이다.

아침 운동 습관을 들이고자 할 때 어떤 사람은 전날 밤 운동복을 준비해 두는 것만으로도 충분할 수 있지만, 다른 사람은 운동 파트너와의 약속이나 운동 앱의 알림 등 더 강력한 자극이 필요할 수 있다. 이런 행동 패턴 인지 과정은 자연스레 시행착오를 동반한다. 처음에는 효과적이라고 생각했던 자극이 시간이 지나면서 그 효과가 감소할 수도 있고, 반대로 처음에는 별로라고 생각했던 자극이 나중에는 매우 효과적일 수 있다. 따라서 지속적인 관찰과 조정이 필요하다. 자신에게 맞는 자극을 찾는 방법으로는 다음과 같은 것들이 있다.

다양한 자극을 시도하고 그에 대한 자신의 반응을 꾸준히 기록하는 방법(자극 일기), 두 가지 다른 자극을 번갈아 사용해 보고 어느 쪽이 더 효과적인지 비교하는 방법(A/B 테스트), 자극의 강도나 빈도를 조금씩 조절해 가며 자신에게 가장 적합한 최적점을 찾아 가는 과정(점진적 조정), 타인의 시선을 통해 자신이 미처 깨닫지 못한 반응 패턴을 파악하는 방법(피드백). 이런 다양한 방법들을 종합적으로 활용하면 자신에게 가장 효과적인 자극 유형과 강도를 더 정확하게 파악할 수 있다.

자극은 행동 변화를 위한 강력한 도구지만, 그 효과는 개인마다 다르며 시간에 따라 변할 수 있다. 따라서 자신에게 맞는 자극을 찾고, 그 효과를 지속적으로 모니터링하며, 필요에 따라 새로운 자극을 도입하는 능동적인 과정이 필요하다. 이런 노력을 통해 우리는 더 효과적으로 원하는 행동 변화를 이끌고 유지할 수 있게 된다.

묘목이 나무가 되듯
점진적으로 능력을 키워라

능력은 특정 행동을 수행할 수 있는지 없는지를 결정하는 핵심 요소 중 하나다. 이는 자동차의 엔진과 같다. 아무리 목적지(목표)가 명확하고 운전대(자극)를 잡고 있어도, 엔진(능력)이 없다면 차는 움직이지 않는다. 요리를 하고 싶은 열정(동기)이 넘치고 최고급 주방(자극)이 갖춰져 있어도, 요리 방법(능력)을 모른다면 맛있는 음식을 만들 수 없다.

오늘 처음 운동을 시작하는 사람이 헬스장에 가서 100킬로그램을 들 수 있을까? 불가능하다. 처음 헬스장을 찾은 사람은 500그램 덤벨부터 시작해야 한다. 그 사람의 능력은 500그램 덤벨을 드는 정도가 적당하다.

능력의 성장은 나무가 자라는 것과 같다. 하루아침에 묘목이 거대한 나무가 되지 않듯, 우리의 능력도 점진적으로 성장하기 마련이다. 마라톤 완주를 목표로 한다고 가정해 보자. 처음부터 42.195킬로미터 풀코스를 뛰려고 하면 결코 완주할 수 없을 것이다. 처음에는 5분 동안 걷기부터 시작해 점차 시간과 거리를 늘려 가는 것이 효과적이다. 점진적인 접근은 능력을 꾸준히 키우는 데 매우 중요하다. 능력을 향상시키는 방법에는 어떤 것들이 있을까?

점진적 과부하 원칙

운동선수들이 사용하는 원칙을 일상생활에 적용하는 방법이다. 독서 능력을 키우고 싶다면 하루에 1페이지 읽기부터 시작해 점차 양을 늘려 가거나, 외국어를 배운다면 하루에 새로운 단어 다섯 개를 외우는 것부터 시작해 점진적으로 늘려 가는 것이 좋은 예다.

마이크로 습관 형성

작은 행동부터 시작해 습관화하는 방법이다. 매일 5분씩 명상하는 것부터 시작해 점차 시간을 늘리거나, 한 번에 한 군데 청소하기부터 시작해 전체 집 청소로 확장해 나가는 방식이다. 또한 매일 물 한 잔 마시기부터 시작해 점차 수분 섭취량을 늘리는 것도 아주 좋은 예시다.

스킬 스태킹

이미 갖고 있는 능력 위에 새로운 능력을 쌓아 가는 방법이다. 요리에 능숙한 사람이 건강식 요리법을 배우거나, 프로그래밍 언어를 알고 있는 사람이 새로운 프레임워크를 학습하는 것이 좋은 예다.

피드백 루프

피드백 루프는 자신의 성장을 측정하고 기록하는 방법이다. 언어 학습 앱을 사용해 매일의 학습 시간과 성취도를 기록하거나 스마트 워치를 사용해 매일의 운동량과 체중 변화를 모니터링하는 것이 좋은 예다.

환경 최적화

능력 향상에 도움이 되는 환경을 만드는 방법이다. 글쓰기 능력을 키우고 싶다면 조용한 공간을 마련하고 필요한 도구들을 쉽게 접근할 수 있게 배치하거나, 건강한 식습관을 들이고 싶다면 냉장고에 건강식품을 채우고 간식을 눈에 띄지 않는 곳에 보관하는 것이 좋은 예다.

나의 능력을 이해하고
능력의 수준까지 파악해야 한다

능력은 매우 중요하다. 아무리 동기가 강하고 자극이 있어도 행동을 할 수 있는 능력이 없다면 실행은 불가능하기 때문이다. 따라서 자신의 현재 능력을 정확히 파악하고, 그에 맞는 수준의 행동부터 시작하는 것이 중요하다. 한 번에 열 계단을 뛰어오르려다 넘어지는 것보다 한 계단씩 착실히 오르는 것이 결국 더 빠르고 안전하게 목표에 도달하는 방법이다.

이런 이유로 우리의 첫 번째 행동 패턴인 인지 패턴이 중요하다. 자신의 현재 능력을 정확히 인지하고, 그에 맞는 목표를 설정하며, 점진적으로 능력을 향상시켜 나가는 과정이 성공적인 행동 변화의 핵심이 되는 것이다. 능력 향상은 마라톤과 같다. 꾸준히 페이스에 맞춰 달려가다 보면 어느새 놀라운 거리를 달려 온 자신을 발견하게 될 것이다.

나를 움직이는
동기를 강화하는 법

동기는 행동하고자 하는 나만의 이유로, 행동의 시작점이라고 할 수 있다. 이는 크게 내적 동기와 외적 동기로 나눌 수 있다. 내적 동기는 행동 자체에서 오는 만족감이나 즐거움에서 비롯된다. 순수한 호기심으로 새로운 언어를 배우거나 자기 성장을 위해 운동을 시작하는 경우가 이에 해당한다. 반면 외적 동기는 외부의 보상이나 압력에 의해 생긴다. 승진을 위해 자격증을 따거나 주변의 기대에 부응하기 위해 다이어트를 하는 경우가 이에 해당한다.

동기의 구성 요소로는 목표, 가치, 보상, 두려움 등이 있다. 이것은 요리의 재료와 같아서 개인마다 다른 비율로 조합되어 독특한 동기의 맛을 만들어 낸다. 어떤 사람의 금연 동기는 건강에 대한 가치

70%와 폐암에 대한 두려움 30%으로 구성될 수 있고, 또 어떤 사람의 경우 가족을 위한 가치 50%와 금전적 보상 50%로 구성될 수 있다. 동기를 강화하는 방법은 다양하다. 우리의 감각과 연관된 오감화 기법에 대해서 알아보자.

목표 오감화

목표를 단순히 머릿속으로 그리는 것이 아니라 모든 감각을 동원해 생생하게 경험하는 방법이다. 영화의 4D 체험처럼 목표 달성의 순간을 보고, 듣고, 맛보고, 냄새를 맡고, 만지는 것처럼 상상하는 것이다. 마라톤 완주를 목표로 한다면 결승선을 통과하는 모습(시각), 환호하는 관중의 함성(청각), 완주 후 마시는 시원한 물의 맛(미각), 땀과 승리의 향기(후각), 메달을 목에 걸 때의 감촉(촉각)을 모두 상상해 보는 것이다.

보상 체계 구축

목표 달성 시 자신에게 주는 선물이나 혜택을 미리 정해 두는 방법이다. 당근과 채찍의 원리처럼 스스로 동기를 부여하기에 효과적이다. 한 달 동안 매일 독서를 하면 좋아하는 콘서트의 티켓을 구매하거나 일주일 동안 규칙적으로 운동하면 맛있는 디저트를 즐기는 것이다.

의미 부여

자신의 행동이 어떤 더 큰 가치나 목적과 연결되어 있는지 인식하는 방법이다. 퍼즐 조각을 맞추는 것처럼 자신의 작은 행동이 어떤 큰 그림의 일부인지 이해하는 것이다. 일회용품 줄이기가 단순히 비용 절감이 아니라 지구 환경 보호에 기여한다는 의미를 부여하거나, 매일의 운동이 단순한 체중 감량이 아니라 가족과 더 오래 건강하게 살기 위한 투자라고 생각하는 것이다.

지속적인 동기 부여에 필요한 3가지 요소

동기 강화 방법들은 서로 독립적이지 않고 상호 보완적으로 작용한다. 식물을 키우는 데 물, 햇빛, 영양분이 모두 필요한 것처럼 강력하고 지속적인 동기 부여를 위해서는 이 세 가지 방법을 적절히 조합해 사용하는 것이 효과적이다. 자극, 능력, 동기를 실생활에 적용하자.

매일 아침 조깅하는 습관을 들이고 싶다고 가정해 보자. 잠옷 옆에 운동복을 둬 일어나자마자 보게 하고(자극), 처음에는 5분만 뛰는 것으로 시작해 점진적으로 늘리며(능력), 조깅 후의 상쾌함을 일기에 기록하는 방식으로 접근할 수 있다(동기). 또 다른 예로, 물을 자주 마시는 습관을 들이고 싶다면 책상에 물병을 두고(자극), 작은 양부터 시작하며(능력), 물 마시기의 건강상 이점을 포스트잇에 적어 붙여 두는(동기) 방식을 사용할 수 있다.

행동의 구조를 이해하면 우리는 더 이상 '왜 나는 생각은 있는데 행동은 안 되지?'라는 말을 줄일 수 있다. 대신 '어떤 자극이 부족하지?', '내 능력을 어떻게 향상시킬 수 있을까?', '어떻게 하면 동기를 유지할 수 있을까?' 같은 구체적인 질문을 통해 문제를 해결할 수 있다.

결국 행동의 구조를 이해하고 이를 적용하는 것은 행동력을 높이는 핵심 전략이 된다. 이는 하나의 행동을 성공시키는 것을 넘어 지속적으로 원하는 행동을 실천할 수 있는 능력을 갖추게 한다. 요리의 기본 원리를 익힘으로써 어떤 재료로도 맛있는 요리를 만들 수 있게 되는 것처럼 행동의 구조를 이해함으로써 우리는 삶의 어떤 영역에서든 원하는 변화를 만들어 낼 수 있게 되는 것이다.

낡은 습관을 버리고
새로운 패턴을 장착하자

행동의 자동화는 우리 뇌의 기저핵이라는 부위에서 형성된다. 이 영역은 반복적인 행동 패턴을 저장하고 자동화하는 데 중요한 역할을 한다. 신경 과학자들의 연구에 따르면, 같은 행동이 반복될수록 이 영역이 활성화되고, 의식적인 의사 결정에 관여하는 전전두피질의 활성화가 감소한다. 이것은 행동 패턴이 형성되면 우리가 의식적으로 생각하지 않아도 자동으로 행동할 수 있게 된다는 것을 의미한다. 자동화 과정은 우리의 인지적 자원을 절약하고 일상적인 행동을 효율적으로 수행할 수 있게 한다.

많은 사람이 습관과 패턴을 동일한 개념으로 생각한다. 두 개념은 유사한 점이 많아 혼동하기 쉽지만 분명한 차이가 있다. 우선 습관과 패턴 모두 반복적인 행동이라는 점에서 비슷해 보일 수 있다.

하지만 습관은 주로 개인적이고 구체적인 행동을 말하는 반면, 패턴은 더 넓은 범위의 행동이나 사고를 포함한다. 예를 들어 매일 아침 커피를 마시는 것은 습관이지만, 스트레스 상황에서 보이는 일련의 반응은 패턴이다.

습관은 대부분 무의식적으로 형성되고 실행되는 경향이 있다. 의식하지 않고도 자동으로 수행하는 것이다. 반면 패턴은 더 복잡하고 다양한 요소들이 유기적으로 얽혀 형성된 것이다. 변화의 측면에서도 차이가 있다. 습관은 개인의 노력으로 비교적 쉽게 바꿀 수 있지만, 패턴은 개인을 넘어 사회적, 문화적, 환경적 요인에 의해 영향을 받기 때문에 변화가 더 어렵다.

또 습관은 주로 효율성과 에너지 절약을 위해 형성되는 반면, 패턴은 적응, 대처 전략, 문제 해결 등 다양한 목적을 위해 발생할 수 있다. 이런 차이점을 이해하면 자신의 행동을 더 정확하게 분석하고 필요한 변화를 효과적으로 만들어 낼 수 있다. 그렇다면 자동화되는 습관과 패턴을 어떻게 이해하고 나에게 유리한 패턴으로 바꿀 수 있을지 알아보자.

나에게 영향을 주는 주변 환경을
이해하고 활용하는 법

습관 루프

찰스 두히그의 《습관의 힘》에서 소개된 습관 루프 개념은 습관 형성의 핵심 메커니즘을 효과적으로 설명한다. 이 루프는 신호, 반응, 보상이라는 세 가지 요소로 구성된다. 신호는 특정 행동을 촉발하는 환경적 또는 내적 자극이고, 반응은 신호에 대한 자동적인 행동이며, 보상은 행동 후에 얻는 긍정적인 결과나 느낌이다. 이 루프를 이해하고 활용함으로써, 우리는 새로운 패턴을 더 효과적으로 형성하거나 나쁜 패턴을 변화시킬 수 있다.

새 패턴 형성 기간

런던대학교 심리학 교수 필리파 랠리 팀의 연구에 따르면, 새로운 행동을 내 인생에 녹여 내려면 평균적으로 66일이 걸린다. 이는 패턴 형성이 단기간의 노력으로 이뤄지는 것이 아니라, 지속적이고 일관된 실천이 필요함을 의미한다. 다만 이는 평균치일 뿐이며 사람마다 변화의 기간은 다르므로 쓸데없는 좌절감을 느낄 필요는 없다.

미세 패턴

포그의 미세 패턴 이론은 작은 변화부터 시작해 점진적으로 확장해 나가는 방식을 제안한다. 이 접근법의 핵심은 목표 행동을 아주 작게 만들고, 기존 루틴에 새로운 행동을 연결하며, 작은 성공을 즉시 축하하는 것이다. 이 방법은 초기의 저항을 줄이고 성공 경험을 통해 동기를 유지하는 데 효과적이다.

패턴 적층

제임스 클리어의 패턴 적층 기법은 기존의 패턴에 새로운 패턴을 연결하는 방식이다. '아침에 일어나서 커피를 마신 후 5분간 명상을 한다' 같은 이미 굳어진 일상에 새로운 행동을 추가하는 것이다. 이는 새로운 패턴을 위한 별도의 신호를 만들 필요 없이 기존 행동을 자연스러운 신호로 활용할 수 있게 한다.

환경은 패턴 형성에 결정적인 영향을 미친다. 제임스 클리어는 《원자 패턴》에서 "환경이 행동을 결정한다"라고 주장한다. 건강한 간식을 눈에 잘 띄는 곳에 두기, 스마트폰을 다른 방에 두고 자기, 운동복을 침대 옆에 준비해 두기 등의 환경 설계는 원하는 행동을 더 쉽게 만들고, 원하지 않는 행동을 어렵게 만든다.

제임스 클리어는 행동 변화의 세 가지 층위로 결과, 과정, 정체성을 제시한다. 가장 효과적인 변화는 정체성 수준에서 시작된다. '담배를 끊는다'는 결과 중심의 목표보다 '나는 비흡연자다'라는 정체성 중심의 접근이 더 강력할 수 있다.

행동 패턴 형성의 과학을 이해하고 적용하는 것은 지속 가능한 행동 변화의 열쇠다. 앞서 언급한 다양한 개념을 활용함으로써 우리는 원하는 패턴을 더 효과적으로 형성하고 유지할 수 있다. 중요한 것은 이런 과학적 접근을 자신의 상황과 목표에 맞게 조정하고, 꾸준히 실천하는 것이다. 패턴의 힘을 이해하고 활용한다면 우리의 일상과 인생을 변화시킬 수 있는 강력한 도구를 갖게 된다.

행동을 부르는 은밀한 자극, 넛지

넛지(Nudge)는 사람들의 선택을 제한하지 않으면서 바람직한 방향으로 행동을 유도하는 방법을 의미한다. '팔꿈치로 살짝 찌르다'라는 뜻으로, 강제성 없이 부드럽게 행동을 유도한다는 의미다. 부모가 아이에게 직접적인 명령 대신 부드러운 제안을 통해 원하는 행동을 끌어내는 것이라고 이해하면 쉽다. 이는 생각보다 아주 다양한 곳에서 쓰이는 흔한 방법이다.

학교 급식실에서 건강한 음식 선택을 장려하고 싶다면, 채소와 과일을 눈높이에 맞는 선반에 배치하고 군것질거리는 손이 잘 닿지 않는 곳에 두면 된다. 이는 학생들의 선택권을 제한하지 않으면서도 자연스럽게 건강한 선택을 유도하는 넛지의 좋은 사례다. 정원사가 식물의 성장 방향을 강제로 바꾸지 않고 햇빛의 방향을 조절해 원하는 방향으로 자라도록 유도하는 것과 비슷하다.

다른 성공적인 넛지 사례로는 네덜란드 스키폴 공항의 남자 화장실 소변기 실험을 들 수 있다. 소변기 안에 파리 모양의 스티커를 붙여 놓자 소변이 튀긴 정도가 80% 감소했다는 것이다. 이는 사람들의 본능적인 조준 욕구를 활용해 행동을 개선한 창의적인 예시다.

많은 국가에서 시행하고 있는 장기 기증 동의 방식의 변화도 들 수 있다. 기존에는 장기 기증을 원하는 사람이 직접 동의 의사를 표시해야 했지만, 일부 국가에서는 모든 사람을 장기 기증 동의자로 간주하고 원하지 않는 사람만 거부 의사를 표시하도록 변경했다. 정보 소유 당사자가 정보 수집을 선택적으로 거절할 때만 정보 수집을 중단하는 방식의 도입으로 장기 기증 동의율은 크게 증가했다. 물의 흐름을 강제로 바꾸지 않고 물길의 방향만 살짝 조정해 원하는 곳으로 흐르게 하는 셈이다.

일상에서 쉽게 발견할 수 있는
넛지 전략들

넛지의 핵심은 선택 설계에 있다. 사람들에게 선택지를 제시하는 방식을 신중하게 구성해 바람직한 선택을 유도하는 것이다. 영화감독이 카메라 앵글로 관객의 시선을 이끄는 것처럼, 넛지는 우리의 선택을 부드럽게 이끈다. 이것은 강요가 아닌 유도이며, 명령이 아닌 제안이다. 넛지에는 어떤 방법들이 있을까?

기본값의 힘

기본 옵션 설정은 많은 사람이 처음 선택지를 그대로 선택하는 경향이 있다는 점을 이용해 바람직한 선택을 기본으로 설정하는 방법이다. 퇴직 연금 가입을 기본 옵션으로 설정하고 원하지 않는 사람만 별도로 신청하도록 하면 연금 가입률이 크게 증가하는 식이다.

프레이밍 효과

프레이밍 효과는 같은 정보라도 어떻게 표현하느냐에 따라 사람들의 선택이 달라질 수 있다는 것이다. "이 수술의 성공률은 90%입니다"라고 말하는 것과 "이 수술의 실패율은 10%입니다"라고 말하는 것은 같은 정보지만, 전자가 후자보다 더 긍정적인 반응을 끌어낼 수 있다. 같은 그림이라도 액자에 따라 다르게 보이는 것과 같은 원리다.

사회적 증거

사람들은 다른 사람들의 행동을 참고해 자신의 행동을 결정하는 경향이 있다. 호텔에서 "이 타올을 재사용하면 환경을 보호할 수 있습니다"라는 메시지보다 "이 호텔에 머무는 손님의 75%가 타올을 재사용합니다"라는 메시지가 더 효과적으로 재사용을 유도할 수 있다. 무리 지어 이동하는 철새들이 서로를 따라 날아가는 것과 같다.

즉각 피드백

일부 자동차에서는 운전자의 연비 효율성을 실시간으로 표시한다. 이는 운전자기 자신의 운전 습관을 즉시 확인하고 조정할 수 있게 한다. 큰 거울 앞에서 춤을 추면 자신의 동작을 즉시 확인하고 교정할 수 있는 것과 같다.

타이밍

넛지는 사람들이 결정을 내리는 순간 적절하게 제공하는 것이 가장 효과적이다. 식료품점에서 건강한 식품을 선택하도록 유도하고 싶다면 고객이 매장에 들어서는 순간이나 계산대 앞에서 관련 정보나 제안을 제공하는 것이 좋다.

모니터링

같은 넛지라도 시간이 지나면 효과가 감소할 수 있으며 문화나 환경에 따라 다르게 작용할 수 있다. 따라서 지속적인 데이터 수집과 분석, 그리고 이를 바탕으로 한 개선이 필요하다. 정원사가 계절과 날씨의 변화에 따라 식물 관리 방식을 조정하는 것과 같다.

개인이 스스로 행동력을 높이기 위해 넛지를 활용할 수 있는 방법은 다양하다. 생산성 향상을 위해서는 업무 시작 전 가장 중요한 세 가지 일을 메모지에 적어 모니터에 붙여 두고, 집중이 필요한 시간에는 스마트폰을 다른 방에 두거나 비행기 모드로 설정하는 것이 좋다. 시험 공부를 할 때 책상 위에 시험 범위만 올려 두고 다른 것들은 치워 두는 것과 같은 원리다. 저축 습관을 기르기 위해서는 급여가 입금되는 즉시 일정 금액이 저축 계좌로 자동 이체되도록 설정하고,

지출 내역을 실시간으로 보어 주는 앱을 사용해 불필요한 지출을 줄일 수 있다. 용돈을 받자마자 일부를 저금통에 넣어 두는 어린이의 습관과 유사하다. 독서량을 늘리기 위해서는 침대 옆 테이블이나 소파 옆 등 편하게 앉아 있는 곳에 책을 놓아 두고, TV 리모컨 옆에 책을 둬 TV 시청 대신 책을 집어 들 가능성을 높일 수 있다. 또한 독서 진행 상황을 시각적으로 보여 주는 앱이나 차트를 사용하는 것도 효과적이다. 이는 모두 자신의 환경을 재설계해 원하는 행동을 더 쉽게 선택할 수 있도록 만드는 개인적으로 행동력을 높이기 위한 방법이다.

다양한 감각을 활용하면 에너지의 크기가 막강해진다

　과거에는 목표 달성을 위해 주로 시각화 기법에 의존했다. 하지만 이제는 더 세밀하면서도 전체적인 접근이 필요하다. 목표 오감화 기법은 시각, 청각, 미각, 촉각, 후각을 모두 활용해 우리의 목표를 전신경계에 각인시키는 강력한 방법이다. 상상을 넘어, 우리의 세포와 무의식, 심지어 혈액 속에까지 원하는 행동과 생각을 깊이 새겨 넣는 과정이다. 목표 오감화의 핵심은 목표 달성 상태를 모든 감각을 통해 생생하게 경험하는 것이다.

　사업 성공을 목표로 한다면, 성공한 사무실의 모습(시각), 계약 체결 시의 박수 소리(청각), 축하 만찬의 맛(미각), 상을 받을 때의 트로피 감촉(촉각), 새 가죽 의자의 향기(후각) 등을 총체적으로 상상한다. 다감각적 경험은 뇌의 여러 영역을 동시에 활성화시켜 목표를 우리 존재의 모든 차원에 각인시킨다. 오감화 기법의 효과는 신경 과학 연구들을 통해 뒷받침되고 있다.

하나의 악기가 아닌 여러 악기가 함께 연주될 때 더 풍성한 음악이 만들어지듯, 다양한 감각이 동시에 자극될 때 우리 뇌는 더 넓은 영역에서 활발하게 반응하며 오케스트라처럼 작동한다. 이는 오감을 통한 목표 각인이 단순한 시각화보다 더 강력하고 지속적인 영향을 미칠 수 있음을 의미한다. 효과적인 목표 오감화를 위해서는 몇 가지 핵심 요소가 필요한데, 매일 일정 시간을 할애해서 연습하는 건 기본이다. 각각 감각의 경험을 상상하는 것도 필요하다. 또 기억과 감정은 함께 뭉쳐지면 더욱 오래 기억되기 때문에, 목표 달성 시 느낄 긍정적인 감정을 함께 상상하는 것도 중요하다. 기억과 감정이 버무려지면 에너지의 크기는 상상 이상으로 막강해진다.

뇌는 현실과 상상을 구분하지 못하는 독특한 특성이 있다. 목표를 이미 달성한 것처럼 생생하게 상상하면 뇌는 그것을 실제 경험으로 받아들이고 그에 맞는 신경 회로를 형성한다.

반대로 '나는 할 수 없어', '돈이 없어' 같은 부정적인 생각을 반복하면, 뇌는 그것을 현실로 받아들여 실제로 그런 상황을 만들어 내는 패턴을 강화한다. 깊게 패인 강물의 흐름처럼 한번 형성된 사고방식은 강력한 관성으로 인해 계속해서 같은 방향으로 흘러가려는 경향이 있다.

새로운 패턴을 만드는 일은 수십 년간 깎아 온 계곡의 흐름을 바꾸는 것만큼 어렵다. 차지만 긍정적인 상상과 꾸준한 반복이 있다면 누구나 새로운 패턴을 만들어 낼 수 있다. 결국 우리의 뇌는 우리가 심어 주는 생각의 씨앗을 현실로 꽃피우는 놀라운 힘을 갖고 있다.

다양한 감각만큼 중요한
행동의 계획과 실천

우리가 오감화를 사용하는 이유는 끌어 쓸 수 있는 모든 에너지를 활용해서 원하는 패턴을 의도적으로 형성해 내기 위함이다. 쉽게 생각하면 쉽게 접근하고, 쉽게 접근하면 무의미한 실패를 또 패턴처럼 계속 반복하게 될 확률이 높다.

그러나 목표 오감화에도 주의할 점이 있다. 이는 실제 행동을 대체하는 것이 아니라 보완하고 강화하는 도구다. 따라서 오감화와 함께 구체적인 행동 계획을 세우고 실천하는 것이 중요하다. 또한 지나치게 이상적인 결과만을 오감화하는 것은 오히려 현실과의 괴리감을 느끼게 할 수 있으므로, 현실적이고 달성 가능한 목표를 설정하고 오감화하는 것이 바람직하다.

목표 오감화 기법은 우리의 전체적인 존재를 활용해 목표를 더 깊이 각인시키는 강력한 도구다. 이는 우리의 뇌와 신체가 실제와 상상을 유사하게 받아들인다는 점을 최대한 활용한 것으로, 적절히 사용한다면 동기 부여, 자신감 향상, 행동력 강화 등 다양한 이점을 얻을 수 있다. 목표 오감화는 성공을 향한 전 신경적 청사진을 그리는 과정이며, 이를 통해 우리는 원하는 미래를 현실로 만들어 갈 수 있다. 목표를 단순히 머릿속에 그리는 것이 아니라 온몸의 세포와 피에 새겨 넣음으로써 각인하는 것이다.

결정을 피로하지 않게 하는 선택의 자동화

현대인의 일상은 수많은 갈림길이 있는 미로와 같다. 앞서 언급했듯 우리는 단 하루를 보내도 셀 수 없이 많은 선택을 내리며 이 복잡한 미로를 헤매고 있다. 마라톤 러너가 결승선에 도달하기도 전에 체력을 모두 소진하는 것처럼 결정에도 피로가 쌓인다. 이런 상황에서 행동의 자동화는 미로 속 지름길을 만드는 것과 같다. 스티브 잡스가 매일 같은 스타일의 옷을 입었던 것처럼 일상적인 결정들을 미리 프로그래밍하는 것이며 요리사가 모든 재료와 도구를 미리 준비해 둬 요리 과정을 편안하게 만드는 것처럼 우리의 일상을 효율적으로 구조화하는 것이다.

자동화된 행동 패턴을 만드는 과정은 레고 블록을 조립하는 것과 비슷하다. 사각의 행동을 블록처럼 연결해 하나의 큰 구조물을 만드는 것이다. '기상-물 마시기-명상-운동-샤워-아침 식사'와 같은 모닝 루틴을 만든다고 가정해 보자. 이렇게 만들어진 행동 리스트는 내비게이션 역할을 한다. 목적지를 설정하면 도달하기 위한 최적의 경로를 안내해 주는 것이다.

그러나 이 과정은 고정된 것이 아니라 유동적이다. 인공 지능이 학습하며 스스로를 개선하듯, 우리도 실행 과정에서 지속적으로 조정하고 개선해야 한다. 우리는 자신의 상황과 반응을 관찰하며 루틴을 조정해 나갈 수 있다.

이런 행동 자동화는 평소에는 에너지를 절약하고, 필요할 때 그 에너지를 중요한 곳에 사용할 수 있게 한다. 워런 버핏이 매일 아침을 맥도날드에서 같은 메뉴로 해결하는 것처럼 일상적인 결정들을 자동화함으로써 중요한 투자 결정에 더 많은 에너지를 쏟을 수 있는 것이다.

결국 행동의 자동화는 우리 삶을 업그레이드하는 운영 체제와 같다. 시간과 에너지를 절약하는 것을 넘어 우리의 한정된 의지력과 집중력을 진정으로 가치 있는 일에 투자할 수 있게 한다. 화성 탐사선이 대부분 비행을 자동 조종으로 운행하다가 중요한 순간에만 수동 조종을 하는 것처럼 우리도 일상의 자동화를 통해 인생의 중요한 순간에 더 집중할 수 있게 된다. 이것이 바로 자동화가 우리에게 제공하는 현명한 삶의 방식이다.

결정 피로는 하루 동안 내려야 하는 결정의 수가 많아질수록 우리의 능력이 점차 떨어지는 현상을 의미한다. 미국 버지니아공과대학교의 연구에 따르면 미국인은 각종 결정을 하루 평균 약 3만 5,000회 내리는 것으로 나타났다. 이 숫자는 일상적인 작은 결정부터 복잡한 중요한 결정에 이르기까지 모든 것을 포함한다.

한국심리학회지에 실린 '한국인의 일상적 의사 결정 패턴 분석' 연구에 따르면 한국인은 하루 평균 2만 5,000번의 결정을 내린다. 아침 알람을 5분 미룰지 말지의 사소한 결정부터 회사의 중요 프로젝트 방향을 결정하는 순간까지, 우리의 하루는 끊임없는 선택으로 가득 차 있다. 스마트폰을 과도하게 사용한 배터리가 급격히 소진되듯, 우리의 의사 결정 에너지도 하루가 지날수록 바닥을 드러낸다.

이것이 바로 결정 피로다. 퇴근길 편의점에서 과자를 고르며 한참을 서성이는 모습, 저녁 식사 메뉴를 정하지 못해 파스타와 김치찌개 사이에서 방황하는 순간. 이런 모습은 단순한 우유부단함의 결과가 아니다. 하루 종일 쌓인 결정 피로가 만들어 낸 현상이다.

중요한 회의가 잡힌 늦은 오후에 우리의 의사 결정 품질은 이미 30% 이상 저하된 상태다. 밤늦은 시간 충동적으로 지르는 온라인 쇼핑, 다이어트 중인데도 야식을 시키는 순간은 모두 결정 피로와 관련이 있다.

결정 에너지는 우리 몸속 배터리와 같다. 방전되기 전에 충전이 필요하다. 불필요한 결정들을 줄이는 것은 배터리를 아끼는 최고의 방법이다. 자전거를 처음 탈 때는 매 순간 의식적인 결정이 필요했지만 이제는 자동으로 페달을 밟는다. 우리의 일상도 이처럼 자연스러운 흐름을 만들어야 한다.

결정 피로는 성확한 판단을 내리는 능력을 감소시키고, 피로가 누적되면 비합리적이고 감정적인 결정을 내릴 가능성이 높아진다. 결정을 미루거나 회피하는 경향 역시 높아진다. 피로가 쌓이면 깊이 생각하지 않고 즉흥적으로 결정을 내리기까지 한다. 모두 장기적으로 부정적인 결과를 초래한다.

결정 피로를 관리하는 방법 중 하나는 정신적으로 가장 맑은 시간에 중요한 결정을 내리도록 계획하거나, 일상적인 결정을 미리 정해놓아 결정의 부담을 줄이는 것이다. 아침에 눈을 뜨고 하루를 시작할 때 하루의 계획을 세운다든지, 일주일 치 옷과 식단을 일요일 밤에 미리 정해 놓는 식이다.

규칙과 루틴을 설정해 일상적인 결정의 수를 줄일 수도 있다. 예를 들어 매일 같은 시간에 운동을 하거나 일정한 식사 시간을 정하는 것이다. 모든 결정을 혼자 내리지 않고, 팀원이나 가족에게 일부 결정을 위임하는 것도 좋은 방법이다.

결정 피로는 현대 사회에서 많은 사람이 겪는 문제다. 우리는 가능한 많은 결정을 자동화해 에너지를 비축해야 한다. 우리의 에너지는 한정되어 있다. 매일 아침 양말 색상을 고르는 데 에너지를 쓸 것인가, 중요한 프로젝트 기획에 그 에너지를 쓸 것인가? 자동화는 이 선택의 문제를 해결해 준다. 검은색 양말만 구매해 서랍을 채운 스티브 잡스의 선택은 단순한 미니멀리즘이 아닌, 현명한 에너지 관리 전략이었다. 하나의 자동화된 결정이 하루에 여유를 선물할 것이다.

쓸데없는 생각을 이기는
자동화의 힘

현대인의 일상을 더 구체적으로 살펴보면 그 복잡성은 더욱 명확해진다. 아침에 일어나는 순간부터 우리는 결정의 폭풍 속으로 뛰어든다. '5분만 더 잘까, 아니면 지금 일어날까?', '오늘 아침 식사는 무엇을 먹을까?', '이메일을 먼저 확인할까, 아니면 뉴스를 볼까?' 등 끊임없는 선택의 연속이다. 수천 개의 작은 돌을 들고 하루 종일 걸어가는 것과 같다. 처음에는 가볍게 느껴지지만 시간이 지날수록 그무게는 우리를 짓누른다.

행동의 자동화는 이런 부담과 쓸데없는 에너지 사용을 방지하는 효과적인 전략이다. 버락 오바마 전 미국 대통령은 양복 색상을 파란색과 회색으로 제한했다. 이는 단순한 스타일 선택이 아니라 중요한 국정 결정에 더 많은 에너지를 쏟기 위한 전략적 선택이었다. 페이스북의 마크 저커버그가 매일 회색 티셔츠를 입는 것도 이런 자동화의 한 예다. 가벼운 아침 루틴을 만든다고 가정해 보자.

6:30-기상

6:35-물 500밀리리터 마시기

6:40~7:00-20분 명상

7:00~7:30-30분 조깅

7:30~7:50-샤워 및 옷 입기

7:50~8:10-아침 식사(미리 준비해 둔 그릭 요거트와 사과 반 조각)

8:10~8:30-이메일 확인 및 하루 일정 점검

세부적인 시간과 행동을 정해 두면, 매일 아침 '다음에는 무엇을 해야 하지?'라는 고민 없이 자연스럽게 흐름을 따라갈 수 있다. 그러나 이 과정은 고정된 것이 아니라 지속적인 개선이 필요하다. 처음에는 20분 명상이 어려울 수 있다. 이런 경우 5분부터 시작해 점진적으로 늘려 가는 방식으로 조정할 수 있다. 또는 조깅이 지루하게 느껴진다면, 요가나 홈트레이닝으로 대체해 볼 수도 있다. 스마트폰 앱을 지속적으로 업데이트하는 것과 같다. 사용자의 피드백과 새로운 요구 사항을 반영해 더 나은 버전으로 개선해 나가는 것이다.

자동화된 루틴은 상당한 양의 에너지를 절약한다. 아침마다 '오늘은 무엇을 입을까?' 하고 고민하는 대신 미리 정해 둔 옷을 입는다면 하루에 약 10분에서 15분의 시간과 그에 상응하는 정신적 에너지를 절약할 수 있다. 이렇게 만들어진 시간과 에너지는 가족과의 대화, 독서, 중요한 프로젝트 구상 등 더 가치 있는 활동에 투자될 수 있다.

자동화는 단순히 시간과 에너지 절약을 넘어 삶의 질을 향상시킨다. 매일 저녁 10분씩 독서하는 습관을 자동화한다면 1년 후에는 약 60권의 책을 읽을 수 있다. 이는 지식의 확장, 스트레스 감소, 창의성 향상 등 다양한 긍정적 효과로 이어진다.

행동의 자동화는 우리 삶을 최적화하는 강력한 도구라고 할 수 있다. 일상적인 결정들을 프로그래밍함으로써 우리는 자동 조종 장치를 켠 비행기처럼 더 높은 고도에서 우리의 삶을 조망하고 조종할 수 있게 된다. 더 중요한 결정, 더 창의적인 사고, 그리고 더 의미 있는 관계 형성에 집중할 수 있게 되는 것이다.

실행을 수월하게 만드는 사고의 유연함

심리적 유연성 향상을 위한 행동 변화 전략은 유연한 대나무가 강한 바람에도 꺾이지 않고 휘었다 다시 일어서는 것과 같은 원리로 작동한다. 이 접근법은 우리의 마음을 경직된 나무에서 유연한 대나무로 바꾸는 과정이라고 볼 수 있다.

하버드 비즈니스 스쿨의 린다 힐 교수가 진행한 연구에 따르면, 유연한 사고를 가진 리더들이 이끄는 팀은 그렇지 않은 팀에 비해 혁신적인 아이디어를 20% 더 많이 제안하고, 문제 해결 속도도 35% 더 빨랐다. 이는 유연한 사고가 창의적 문제 해결에 미치는 긍정적인 영향을 잘 보여 준다.

유연한 사고는 스트레스 감소에도 큰 도움이 된다. 스탠포드대학교 심리학 교수 켈리 맥고니걸은 《스트레스의 힘》에서 스트레스에 대한 우리의 관점을 바꾸는 것만으로도 그 영향을 크게 줄일 수 있다고 주장한다. 실제로 그녀의 연구에 따르면 스트레스를 도전의 기회로 바라보는 사람들은 그렇지 않은 사람들에 비해 심장병 발생 위험이 23% 낮았다.

유연한 사고는 적응력 향상에도 크게 기여한다. 맥킨지의 한 보고서에 따르면, 유연한 사고를 가진 직원들은 조직의 변화에 43% 더 빠르게 적응하며, 이직률도 25% 더 낮은 것으로 나타났다. 이것은 급변하는 현대 사회에서 유연한 사고의 중요성을 잘 보여 준다. 그렇다면 유연한 사고에는 무엇이 있을까?

수용

부정적인 생각이나 감정을 억누르거나 피하지 않고 있는 그대로 받아들이는 것이다. 비가 오는 날 우산을 쓰고 나가는 것처럼, 불편한 감정과도 함께 일상을 살아가는 것이다. 발표 불안이 있는 사람이 '나는 지금 불안하다'고 인정하면서도 어떻게든 발표를 끝내는 것이다.

분리

생각과 현실을 분리해 바라보는 기술이다. 극장에서 영화를 보듯 자신의 생각을 객관적으로 관찰하는 것이다. '나는 실패자야'라는 생각이 들 때 "내가 지금 '나는 실패자야'라는 생각을 하고 있구나" 하고 객관적으로 바라보려고 노력하는 것이 좋은 예다.

현재에 있기

과거나 미래에 대한 걱정에서 벗어나 지금 이 순간에 집중하는 것이다. 식사할 때 음식의 맛, 향, 질감에 온전히 집중하는 것이 좋은 예다.

맥락으로서의 나

변화하는 생각이나 감정과 별개로 존재하는 관찰자로서의 자아를 인식하는 것이다. '나는 불안하다'가 아니라 '나는 지금 불안을 경험하고 있다'로 인식을 전환하는 것이 좋은 예다.

가치 두기

삶에서 진정으로 중요하게 여기는 것을 명확히 하는 과정이다. 이는 나침반이 북쪽을 가리키듯 우리의 행동에 방향성을 제시한다. '가족과의 친밀한 관계'를 가치로 두고 매일 저녁 가족과 대화하는 시간을 갖는 것이 좋은 예다.

행동

이런 가치에 따라 구체적인 행동을 계획하고 실천하는 것이다. 지도를 보고 실제로 걸음을 내딛는 것과 같다.

이런 방법들은 일상의 스트레스 관리에도 적용될 수 있다. 직장에서 과도한 업무로 스트레스를 받는 상황에서 스트레스 감정을 수용하면서도(수용), '나는 무능하다'는 생각에서 벗어나(분리), 현재 할 수 있는 일에 집중하며(현재에 있기), '내가 지금 스트레스를 받고 있을 뿐, 내가 쓸모없는 건 아니야' 하고 상황을 객관적으로 파악하고 (맥락으로서의 나), '전문성 향상'이라는 가치를 기반으로(가치), 구체적인 업무 개선 계획을 세우고 실천하는 것이다(행동).

유연한 사고를 통해
세상을 더 넓게 받아들일 수 있다

유연한 사고는 현대 사회를 살아가는 데 필수적인 능력이다. 창의적 문제 해결, 스트레스 감소, 적응력 향상 등 다양한 측면에서 우리의 삶의 질을 높여 준다. 다양한 경험을 추구하고 고정 관념에 도전함으로써 우리는 더 유연한 사고를 기를 수 있다.

이런 방법들은 처음에는 어색하고 힘들지만, 꾸준한 연습을 통해 점차 마음의 유연성이 향상되며, 결과적으로 삶의 질을 개선해 준다. 이 과정에서 중요한 것은 완벽함을 추구하는 것이 아니라 지속적인 연습과 개선이다. 때로는 뒤로 물러서는 것처럼 보이더라도 그것 역시 과정의 일부로 받아들이는 자세가 필요하다.

이는 우리 삶의 불가피한 고통과 어려움을 피하거나 없애려 하기보다는 그것들을 수용하면서도 가치 있는 삶을 향해 나아가는 힘을 기르는 과정이다. 파도를 잠재우려 하기보다는 파도와 함께 살아가는 법을 배우는 것이다. 이런 접근은 현대 사회에서 많은 이들이 겪는 심리적 어려움을 해결하며 행동력을 높일 수 있도록 하는 데 효과적인 전략이다.

우리를 가로막는
다양한 두려움

실행을 막는 요소 중 하나는 두려움이다. 깊은 바다 속 빙산처럼 우리의 두려움은 표면에 보이는 것보다 훨씬 더 거대하고 복잡한 형태로 내면에 자리 잡고 있다. 신경 과학자들은 이 보이지 않는 빙산의 실체를 하나씩 밝혀내고 있다.

〈네이처〉에 실린 뉴욕대학교 조지프 르두 박사 연구팀은 충격적인 사실을 발견했다. 두려움은 뇌의 깊숙한 곳, 편도체라는 작은 아몬드 모양의 기관에서 시작되는데, 이곳에서 발원한 두려움은 신경망을 타고 전신으로 퍼져나가며 우리의 몸과 마음을 보이지 않는 감옥에 가둬 버린다는 것이다.

30년 넘게 두려움과 불안 같은 감정을 연구해 온 신경 과학자 안토

니오 다마시오는 더욱 놀라운 사실을 밝혀냈다. 감정이 단순한 심리적 반응이 아니라 생명체가 환경에 적응하고 생존하기 위해 필수적인 역할을 한다는 것이다. 유능하고 실력있는 부장도 두려움 앞에서는 신입사원처럼 우왕좌왕하게 되는 것이다.

두려움이 찾아오면 우리의 전두엽, 즉 이성의 본부가 마비된다. 영리한 판단력으로 유명한 부장도 두려움 앞에서는 신입 사원처럼 우왕좌왕하는 것이다.

이들은 모두 두려움이 결국 같은 신경 회로를 타고 달린다는 사실을 발견했다. 그것은 우리의 잠재력을 가두는 보이지 않는 철조망이된다. 하지만 희망도 있다. 신경 회로는 고정불변의 것이 아니다. 우리는 이 회로를 새롭게 디자인할 수 있다. 두려움의 빙산을 녹이는 것, 그것이 바로 우리의 다음 과제다.

두려움의 종류에는 실패에 대한 두려움, 성공에 대한 두려움, 비판에 대한 두려움, 불확실성에 대한 두려움, 변화에 대한 두려움 등이 있다. 이 중 실패에 대한 두려움은 우리의 발목을 붙잡는 쇠사슬과 같다. 발생 원인으로는 과거의 실패 경험, 높은 자기 기대, 타인의 평가에 대한 민감성 등이 있다.

실패에 대한 두려움

2018년 〈하버드 비즈니스 리뷰〉의 연구에 따르면, 실패에 대한 두려움이 혁신을 저해하는 주요 요인 중 하나로 밝혀졌다. 이는 실패할 가능성이 있는 일을 피하고, 작은 실수에도 크게 좌절하며, 자기비판적인 태도를 보이는 것이다. 예를 들어 새로운 프로젝트를 시작하기 전 실패할까 봐 이를 미루는 경우가 이에 해당한다. 수영을 배우려는 사람이 물에 들어가기를 두려워하는 것과 같다. 이를 해결하기 위해서는 작은 목표부터 시작해 성공 경험을 쌓고, 실패를 학습 기회로 받아들이며, 긍정적 자기 대화를 연습하는 것이 좋다.

드웩의 성장 마인드셋 이론은 이런 실패 두려움을 극복할 수 있는 길을 제시한다. 실패를 고정된 결과가 아닌 성장의 기회로 바라보는 것이다. 매일 저녁 작은 성취를 기록하는 성공 일기를 쓰거나 실패한 경험을 '아직' 성공하지 못한 경험으로 재해석하는 연습이 도움이 된다. 이런 노력을 통해 우리는 두려움이라는 빙산을 조금씩 녹이며 더 큰 도전과 성취를 향해 나아갈 수 있다.

성공에 대한 두려움

성공에 대한 두려움은 마치 높은 산봉우리에 오르려는 등산객이 정상에 가까워질수록 느끼는 고소 공포증과 같다. 이는 성공 후 따라오는 더 많은 책임에 대한 부담, 한번 얻은 성공을 지속할 수 있을지에 대한 불안, 그리고 타인의 시기나 질투에 대한 걱정 때문에 발생한다.

심리학자 에이브러햄 매슬로우의 '존재의 공포' 이론에 따르면, 많은 사람이 자신의 최대 잠재력을 실현하는 것을 두려워한다. 밝은 빛을 오래 보지 못하는 동굴 속 생물처럼 자신의 빛나는 모습을 감당하기 어려워하는 것이다. 이런 두려움은 성공할 수 있는 기회를 의도적으로 회피하고, 자신의 능력을 과소평가하며, 때로는 자기 파괴적인 행동을 보이기까지 한다. 예를 들어 세계적인 가수 아델은 그래미상을 수상한 후에 극심한 불안과 공황 장애를 겪었다고 고백했다.

또한 2019년 〈하버드 비즈니스 리뷰〉의 연구에 따르면 고위 임원들의 45%가 성공에 대한 두려움을 경험한다. 마땅히 받아야 할 승진 기회를 고의로 놓치는 경우가 있는데, 이는 마치 보물 지도를 들고도 보물을 찾으러 가지 않는 것과 같다. 이런 고민을 해결하기 위해서는 먼저 성공의 긍정적인 측면에 집중하는 것이 중요하다. 성공이 가져다줄 개인적 성장과 사회적 기여의 기회를 생각해 보는 것이다.

성공 후의 구체적인 계획을 세우는 것도 도움이 된다. 구체적인 계획은 불확실성이라는 안개를 걷어 낸다. 등산가가 정상을 오르기 전 상세한 등반 계획을 세우듯, 성공 이후의 여정도 세심하게 설계할 필요가 있다.

마지막으로, 자기 인식과 자기 수용을 강화하는 것이 필요하다. 마음챙김 명상이나 인지 행동 치료 같은 방법을 통해 자신의 가치를 재확인하고 수용하는 연습을 할 수 있다. 예를 들어 구글에서는 'Search Inside Yourself'라는 마음챙김 프로그램을 통해 직원들의 자기 인식과 정서 지능을 향상시키고 있다. 이런 노력들을 통해 우리는 성공에 대한 두려움을 극복하고 마치 나비가 번데기에서 벗어나 날개를 펴듯 우리의 잠재력을 온전히 발휘할 수 있을 것이다.

비판에 대한 두려움

거울 앞에 선 사람이 자신의 모습을 외면하듯 많은 이가 비판을 두려워한다. 심리학자 카렌 호니는 이 두려움의 뿌리가 어린 시절로 거슬러 올라간다고 말한다. 유년기의 가시처럼 박힌 부정적 경험들은 성인이 된 후에도 우리를 괴롭힌다. 여기에 낮은 자존감과 타인의 시선에 대한 과도한 의식이 더해져 비판 두려움의 삼중주를 만들어 낸다.

2018년 〈하버드 비즈니스 리뷰〉는 충격적인 통계를 발표했다. 직장인 10명 중 7명이 비판에 대한 두려움으로 인해 자신의 목소리를 내지 못한다는 것이다. 이는 한번 화상을 입었던 아이가 나이가 들어도 불을 무서워하는 것과 같은 원리다.

이런 두려움의 특징은 자신의 의견 표현을 회피하고, 타인의 반응에 과도하게 신경 쓰며, 자기 검열이 심하다는 것이다. 애플의 스티브 워즈니악도 이런 두려움과 싸웠다. 초기의 그는 무대 공포증으로 발표마다 떨었다. 하지만 그는 이 두려움을 넘어섰고, 결국 실리콘밸리의 상징적 인물이 되었다. 그의 이야기는 두려움이 영원한 장벽이 아님을 보여 준다.

비판과 두려움을 극복하는 첫걸음은 관점의 전환이다. 비판은 파괴의 망치가 아닌 성장의 계단이다. 인지 행동 치료의 재구조화 기법은 이런 전환을 돕는다. 예를 들어 매일 저녁 그날 받은 피드백을 성장 일기에 기록한다. '이 지적이 나를 어떻게 성장시킬 수 있을까?'라는 질문으로 하루를 마무리하는 식이다.

자기 확신을 강화하는 것도 중요하다. 아침에 거울을 보며 자기 긍정 선언을 하거나, 매주 성공 일기를 쓰는 것이 도움된다. 구글은 이런 접근을 조직 차원으로 확장했다. 직원들은 정기적으로 긍정적 피드백을 주고받고 이는 뇌의 보상 중추를 자극해 자신감을 높인다.

탐험가는 미지의 땅을 두려워하지 않는다. 그곳에 숨겨진 보물을 생각하기 때문이다. 비판도 마찬가지다. 그 속에 숨겨진 성장의 보물을 발견할 때, 우리는 두려움의 족쇄를 벗고 자유롭게 나아갈 수 있다. 새로운 아이디어의 세계를 자유롭게 탐험할 수 있을 것이다.

불확실성에 대한 두려움

불확실성에 대한 두려움은 마치 안개 낀 길을 운전하는 것과 같다. 발생 원인은 예측할 수 없는 상황에 대한 불안, 통제할 수 없는 상황에 대한 두려움, 그리고 강한 안정 욕구다.

캘리포니아대학교의 연구에 따르면 불확실한 결과를 예상할 때 뇌의 편도체가 활발하게 반응한다. 이는 원시 시대 인류가 어둠 속에서 으르렁거리는 소리를 들었을 때의 반응과 같다.

뇌는 불확실성을 실제 위험과 동일선상에 놓는다. 이런 두려움의 특징은 새로운 도전을 회피하고, 보수적인 선택을 선호하며, 미래에 대해 지나치게 걱정하는 것이다. 하지만 역사는 이런 불확실성의 안개를 뚫고 나간 이들의 이야기로 가득하다. 페이스북의 마크 저커버그는 하버드대학교라는 안전한 둥지를 박차고 나와 창업이라는 불확실한 바다로 뛰어들었다. 그의 선택은 수많은 젊은이에게 용기를 주는 이정표가 되었다.

불확실성은 미래로 가는 필수 관문이다. 뇌가 경고음을 울리더라도, 그 소리를 두려움이 아닌 도약의 신호로 받아들일 때 새로운 지평이 열린다. 이는 봄날의 꽃샘추위처럼 삶의 자연스러운 일부다.

하버드대학교 심리학자 대니얼 길버트는 흥미로운 발견을 했다. 사람들이 자신의 적응력을 지나치게 과소평가한다는 것이다. 폭풍우가 지나간 자리에 새순이 돋듯, 우리는 불확실한 상황에서도 놀라운 회복력을 보인다.

구글은 이런 적응의 지혜를 '20% 시간 정책'으로 구현했다. 직원들은 일주일의 하루를 자유로운 창의적 실험에 투자한다. 수영을 배우는 아이가 처음에는 얕은 물에서 시작하듯, 점진적으로 불확실성의 바다에 적응해 가는 현명한 방법이다.

불확실성은 더 이상 두려움의 대상이 아니다. 그것은 우리를 성장시키는 자양분이며, 새로운 가능성의 문을 여는 열쇠가 된다. 우리의 적응력을 믿고 한 걸음씩 나아갈 때, 불확실성은 오히려 인생을 더 풍요롭게 만드는 조미료가 될 수 있다.

변화에 대한 두려움

변화에 대한 두려움은 새장 문이 열렸는데도 날아가지 못하는 새와 같다. 사람은 본능적으로 익숙한 환경에서 벗어나기 어렵고, 기존 삶의 패턴을 유지하려는 경향이 있으며, 변화 후 발생할 결과의 불확실성을 두려워한다. 심리학자 쿠르트 레빈의 '변화의 3단계 모델'에 따르면 변화에는 해동, 변화, 재동결의 과정이 필요하다고 한다. 얼음을 녹이고, 새로운 형태로 만들고, 다시 굳히는 과정과 같다.

변화에 대한 적응 과정에서 뇌의 신경 회로망이 재구성되는 것도 에너지 소비를 증가시키는 요인 중 하나다. 신경 가소성은 새로운 경험이나 학습에 따라 뇌가 구조적으로 변화하는 과정을 의미하며,

이 과정에서도 전두엽이 중요한 역할을 한다.

새로운 기술이나 정보를 배우는 과정에서 전두엽은 지속적으로 활성화되며, 이는 추가적인 에너지 소모로 이어진다. 에너지 소비를 증가시키므로 우리 뇌는 본능적으로 변화를 피하는 것이다. 이런 두려움의 특징은 변화에 대한 저항, 새로운 기회의 무시, 현재 상태에 대한 과도한 만족이다. 코닥이 디지털 카메라 시대로의 변화를 등한시하다 몰락한 사례는 변화에 대한 두려움의 대표적인 예다.

이를 해결하기 위해서는 먼저 변화가 가져올 수 있는 이점들을 생각해 보는 것이 좋다. 드웩의 성장 마인드셋 이론은 변화를 성장의 기회로 바라보는 사람들이 더 높은 성취를 이룬다고 말한다.

변화에 대한 긍정적인 태도를 유지하는 것도 중요하다. 예를 들어 구글의 직원들은 앞서 언급한 20% 시간 정책을 통해 소규모 프로젝트로 변화를 시도하고, 이를 통해 더 큰 변화에 대한 두려움을 극복한다. 이런 노력을 통해 우리는 변화에 대한 두려움을 극복하고, 나비가 번데기에서 벗어나 날개를 펴듯 새로운 가능성의 세계로 비상할 수 있을 것이다.

등산가에게 정상으로 가는 길은 두 개의 산을 오르는 것이다. 하나는 눈앞의 실제 산이고, 다른 하나는 마음속의 두려움이란 산이다. 실행력을 높이는 여정도 이와 다르지 않다. 우리는 먼저 내면의 두려움이란 산을 정복해야 한다.

심리학자 알버트 엘리스는 우리의 감정과 행동이 사건 자체가 아닌, 그 사건을 바라보는 관점에 의해 좌우된다는 사실을 밝혀냈다. 중요한 프레젠테이션을 앞두고 있을 때 우리 몸은 떨리는 목소리, 빠르게 뛰는 심장, 축축해지는 손바닥 등 다양한 신체 반응을 겪는다. 이때 이런 반응들을 실패의 징조가 아닌 몸이 최상의 수행을 준비하는 과정으로 받아들이는 순간 떨림은 에너지가 된다.

일론 머스크의 스페이스X 이야기는 두려움을 다루는 새로운 관점을 보여 준다. 90%의 실패 확은 대부분 사람에게 포기의 이유가 되었을 것이다. 하지만 머스크는 이를 혁신의 기회로 받아들였다. 2016년 〈실험심리학〉에 실린 연구는 이런 관점의 전환이 가진 힘을 입증했다. 불안을 흥분으로 재해석하는 단순한 인지적 전환만으로도 수행 능력이 극적으로 향상된 것이다.

두려움은 우리 앞에 놓인 거대한 바위와 같다. 그 바위를 피할 것인가, 아니면 그 위를 올라 더 넓은 세상을 바라볼 것인가? 선택은 우리의 몫이다. 두려움의 정체를 파악하고 이를 극복하는 구체적 방법을 실천할 때, 우리는 비로소 진정한 실행력의 날개를 펼 수 있다.

미루기와 게으름도 깨부수는
구체적이고 도전적인 목표 설정

실행을 막는 다른 요소들 중에는 미루기와 게으름도 있다. 두려움이 브레이크라면 미루기와 게으름은 엔진의 동력을 떨어뜨리는 요소라고 할 수 있다. 심리학자 피어스 스틸의 '시간 동기화 이론'에 따르면 미루기는 과제의 가치와 성공 기대, 충동성, 그리고 목표까지의 시간 지연 등 다양한 요인들의 상호 작용 결과다.

미루기

〈심리학회보〉에 실린 스틸의 획기적인 연구는 미루기라는 고질병의 해부도를 그려 냈다. 세 개의 기둥은 서로를 지탱하며 미루기의 건축물을 완성한다. 불안과 두려움이라는 첫 번째 기둥, 꺼져버린 동기의 두 번째 기둥, 그리고 허술한 시간 관리라는 마지막 기둥이 그것이다.

심리학자 조셉 페라리의 연구는 더욱 충격적인 현실을 드러냈다. 우리 주변의 20%가 만성적 미루기의 덫에 걸려 있다. 매일 밤 노트북 앞에서 다짐하는 우리의 모습을 돌이켜 보자. "내일은 일찍 시작해야지" 하고 다짐하지만 그 내일은 결코 오지 않는다. 마감 시간이 눈앞에 다가와서야 카페인과 함께 밤샘 작업에 돌입한다.

우리 몸에 숨겨진 시간의 비밀을 아는가? 태양의 각도에 따라 그림자의 길이가 변하듯 우리의 에너지도 하루 동안 춤을 춘다. 아침형 인간이라면 해가 떠오르는 시간에 회의를 배치하고, 올빼미형 인간이라면 저녁 시간에 창의적인 작업을 배치하는 방법도 좋다.

미루기는 더 이상 불가피한 숙명이 아니다. 우리는 이제 그 뿌리를 알고, 해결의 길도 봤다. 중요한 것은 첫걸음을 내딛는 용기, 그리고 그 걸음을 지속하는 지혜다. 오늘, 바로 지금이 그 첫걸음을 뗄 완벽한 순간이다.

게으름

우리 몸속에는 에너지 절약을 갈망하는 원시의 뇌가 살아 있다. 신경 과학자 딘 버넷의 발견은 우리의 게으름이 단순한 의지 부족이 아닌, 뇌의 본능적 선택임을 보여 준다. 동굴 시대의 조상들에게 에너지 보존은 생존의 문제였다. 그 유전자는 지금도 우리 속에서 속삭인다.

"좀 더 쉬어도 돼."

철학자 버트런드 러셀은 《게으름에 대한 찬양》에서 역설적인 통찰을 남겼다. 그는 게으름의 창조적 가치를 역설하면서도, 평생 수십 권의 저서를 집필했다. 그의 메시지는 분명했다. 진정한 게으름은 무위가 아닌, 자발적 선택이어야 한다는 것이다. 우리의 뇌는 여전히 동굴 속 편안함을 그리워한다. 하지만 우리는 의식적 선택으로 그 본능을 넘어설 수 있다.

실행력은 강물과 같다. 미루기와 게으름이라는 바위가 그 흐름을 막으려 하지만, 우리는 이 장애물을 우회할 수 있는 지도를 갖고 있다. 하버드대학교 심리학자 에드윈 로크가 발견한 목표 설정 이론은 실행력 강화의 청사진을 제시한다. 구체적이고 도전적인 목표가 우리 내면의 동력을 깨운다는 것이다. 스탠포드대학교의 BJ 포그 박사는 더욱 미시적인 접근을 제안한다. 눈송이가 눈덩이로 자라나듯 작은 습관이 큰 변화를 만든다는 것이다.

보상은 실행력의 연료가 되고, 규칙적인 생활은 실행력의 기반이 된다. 시계추의 규칙적인 움직임처럼 일정한 리듬 속에서 우리의 에너지는 더욱 효율적으로 흐른다. 아침 7시 기상, 저녁 11시 취침. 이 단순한 규칙이 하루의 생산성을 결정한다.

우리는 더 이상 미루기와 게으름의 포로가 될 필요가 없다. 과학적 전략과 작은 실천이 만나는 지점에서 우리의 실행력은 멈추지 않는 강물이 된다. 오늘, 당신의 첫 눈송이를 굴려 보는 건 어떨까?

| 4단계 |

복구하라

시행착오를 원동력으로 만드는 법

PATTERN

나를 다시 일어서게 하는 복구력의 힘

우리는 살아가면서 크고 작은 어려움에 직면한다. 무엇이든 행동을 하면 누구에게나 예외 없이 필연적으로 따라오는 것들이 있다. 실패, 좌절, 상실 그리고 예상치 못한 변화들은 우리의 삶을 흔들어 놓곤 한다. 어떤 사람들은 쉽게 무너지고 포기하는 반면, 또 어떤 사람들은 오히려 놀라운 속도로 회복하며 더욱 강해진다. 이런 차이는 어디에서 오는 것일까? 바로 '복구력'에 있다.

실패감은 모든 행동이 항상 원하는 결과로 이어지지 않기 때문에 발생한다. 학습 이론에 따르면, 시행착오는 새로운 기술 습득의 필수 과정이다. 실패는 단순히 부정적인 결과가 아니라 학습과 성장의 기회를 제공한다. 예를 들어 에디슨은 전구를 발명하는 과정에서

1,000번 이상의 실패를 경험했지만 이를 '성공으로 가는 1,000단계'로 재해석했다.

거절감은 인간의 가장 근원적인 심리적 고통 중 하나다. 이는 인간의 본성과 깊은 관련이 있다. 우리는 태생적으로 사회적 동물이며 집단 소속과 인정에 대한 욕구가 생존과 직결된 기본적 욕구이다. 심리학자 로이 바우마이스터와 마크 리어리의 소속감-자존감이론에 따르면 우리의 자아 존중감은 타인과의 관계 속에서 형성되며, 거절은 이런 기본 욕구가 충족되지 못한 상황을 의미한다.

원시 시대부터 집단에서 배제되는 것은 생존을 위협하는 치명적인 상황이었기에 우리의 뇌는 거절을 물리적 고통과 유사한 수준의 위험 신호로 인식하도록 진화해 왔다. 따돌림을 당하는 사람의 fMRI 영상을 분석하면 사회적 고통이 신체적 고통과 동일한 뇌 영역(전대상피질)을 활성화시킨다는 사실을 알 수 있다.

좌절감은 목표 달성 과정에서 예상치 못한 장애물이나 어려움을 만날 때 발생한다. 로크의 목표 설정 이론에 따르면, 목표와 현실사이의 격차는 좌절감을 유발하지만 동시에 동기 부여의 원천이되기도 한다. 예를 들어 스포츠 선수들이 경기 중 느끼는 좌절감은 종종 더 나은 수행으로 이어지는 원동력이 된다.

문제는 이것들을 감당할 만한 에너지가 없는 경우에는 좌절과 실패로 굳어진다는 것이다. 폴 에크만의 감정 연구에 따르면 이런 기본적인 감정들은 문화와 인종을 초월해 공통적으로 나타난다. 중요한 점은 이 감정들의 강도와 영향은 개인의 대처 방식과 해석에 따라 크게 다를 수 있다는 것이다. 복구력은 바로 이런 불가피한 감정들을 건설적으로 다루고 극복하는 능력을 의미한다. 마이크로소프트의 CEO 사티아 나델라는 성장 마인드셋의 중요성을 강조하며, 실패와 좌절을 학습의 기회로 재해석하는 문화를 만들었다. 이것은 회사의 혁신과 성장에 큰 기여를 했다.

실패감, 거절감, 좌절감은 행동의 필연적인 동반자이지만, 우리의 성장과 발전을 위한 필수적인 요소이기도 하다. 성공의 세계에서는 실패감, 거절감, 좌절감을 누가 더 빠르게 떼어 내느냐가 관건이다. 이들은 누구에게나 들러붙지만, 모든 이가 동일한 속도로 이를 인생에서 분리할 수 있는 것은 아니다. 이런 감정들을 어떻게 해석하고 대응하느냐에 따라 그것이 우리를 좌절시키는 장애물이 될 수도 있고, 더 높은 성취로 이끄는 디딤돌이 될 수도 있다. 복구력을 키우는 것은 행동을 하면 이들 감정이 반드시 동반된다는 것을 인지하고 바로 이런 감정들을 건설적으로 활용하는 능력을 개발하는 것이다. 이는 개인의 성장과 성공에 결정적인 역할을 한다.

미국심리학회의 연구에 따르면 복구력이 높은 사람들은 스트레스 상황에서 25% 더 빠르게 회복하며, 장기적으로 더 높은 성취를 이룬다고 한다. 실리콘밸리의 성공한 기업가들을 대상으로 한 연구에서 그들의 90% 이상이 초기 사업 실패를 경험했지만, 높은 복구력 덕분에 빠르게 회복하고 새로운 도전을 시작할 수 있었다고 한다.

현대 사회에서 복구력의 중요성은 더욱 커지고 있다. 빠르게 변화하는 세상에서 우리는 끊임없이 새로운 도전과 예측 불가능한 상황에 직면한다. 복구력은 다양한 측면에서 개인의 삶에 긍정적인 영향을 미친다. 먼저 스트레스 상황에서 더 효과적으로 대처할 수 있게 해 정신 및 신체 건강에 도움을 준다. 또한 변화하는 환경에 빠르게 적응할 수 있는 능력을 향상해 개인의 성공과 성장을 촉진한다. 어려운 상황에서도 창의적이고 효과적인 해결책을 찾는 문제 해결 능력이 강화되며, 역경을 극복한 경험을 통해 자신감과 자기 효능감이 높아진다. 또 미래의 도전에 대한 준비성을 높여 준다. 마지막으로, 어려운 상황에서도 긍정적으로 대처하는 능력은 인간관계를 개선하고 사회적 지지를 얻는 데 도움이 되어 전반적인 삶의 질을 높인다.

복구력과 회복 탄력성의
분명한 차이점

복구력은 회복 탄력성과 혼동되곤 하는데, 두 개념은 밀접하게 연관되어 있지만 중요한 차이가 있다. 회복 탄력성은 주로 내적인 정신 상태와 감정적 대처에 초점을 맞추며, 스트레스나 역경 후의 정서적 회복과 관련이 있다. 이것은 긍정적 사고, 자아 강도, 정서적 안정성 등과 연관된다.

반면 복구력은 회복 탄력성을 포함하며 그 이상을 아우르는 더 포괄적인 개념이다. 이는 내면의 힘과 외면의 행동이 하나로 어우러진 총체적 능력이다. 회복 탄력성이라는 뿌리에서 실천이라는 꽃을 피워 내는 것이다.

복구력의 첫 번째 층위가 회복 탄력성이다. 이는 스트레스나 역경에 대응하는 우리의 내적 근력이다. 긍정적 사고, 자아 강도, 정서적 안정성이 이를 구성한다. 두 번째 층위는 실제적 문제 해결과 행동이다. 구체적인 대처 전략 수립, 적극적 행동 실행, 목표 지향적 움직임이 여기에 속한다. 여기에는 적응적 행동, 효과적인 대처 전략, 목표 지향적 행동 등이 포함된다.

예를 들어 실직을 경험한 사람의 경우를 살펴보면 그 차이를 명확히 알 수 있다. 회복 탄력성이 높은 사람은 이런 상황에서 긍정적인 마인드를 유지하고, 자신의 가치를 의심하지 않으며, 정서적 안정을 빠르게 회복할 수 있을 것이다. 반면 복구력이 높은 사람은 갑작스러운 실직을 맞았을 때 먼저 내면의 균형을 잡는다. 이후 새로운 직업을 찾기 위한 구체적인 계획을 세우고, 네트워킹을 활발히 하며, 필요하다면 새로운 기술을 학습하는 등의 적극적인 행동을 취할 것이다.

이 책에서는 특히 복구력에 초점을 맞추어, 어려운 상황에서 실제로 어떻게 행동하고 대처할 수 있는지에 대해 깊이 있게 탐구해 나갈 것이다.

실행의 비결은
에너지 관리와 회복에 있다

행동력을 높이는 데 에너지 관리와 회복은 핵심적인 요소다. 우리의 신체와 정신은 에너지가 무한하지 않기 때문에 효과적인 에너지 관리와 적절한 회복 전략은 지속 가능한 성과를 위해 필수적이다. 에너지 관리의 첫 단계는 자신의 에너지 패턴을 이해하는 것이다.

대부분 사람은 하루 중 특정 시간대에 더 높은 에너지 수준을 경험한다. 이를 파악해 집중력이 요구되는 중요한 작업을 그 시간대에 배치하는 것이 효과적이다. 반면 에너지가 낮은 시간대에는 상대적으로 덜 중요하거나 자동화된 작업을 수행하는 것이 좋다. 내가 아침형 인간인지 저녁형 인간인지 파악할 필요도 있다. 어떤 사람은 도저히 아침에 눈을 뜰 수 없지만 어떤 사람은 새벽 5시에 벌

떡 일어나는 힘을 갖고 있다.

작업의 우선순위를 설정하고
때로는 적절하게 휴식을 취하자

에너지 관리에 또 다른 중요한 요소는 작업의 우선순위를 정하는 것이다. 모든 일을 동일한 노력으로 처리하려 하면 빠르게 소진될 수 있다. 아이젠하워 매트릭스와 같은 도구를 활용해 작업의 중요도와 긴급성을 평가하고, 에너지 투자를 최적화해야 한다. 회복은 에너지 관리의 필수적인 부분이다. 지속적인 고성과를 위해서는 적절한 휴식과 회복 시간이 필요하다.

이는 단순히 일을 멈추는 것이 아니라 적극적으로 에너지를 재충전하는 활동을 포함한다. 효과적인 회복 전략에는 충분한 수면, 규칙적인 운동, 명상이나 마음 챙김 실천, 취미 활동 등이 포함된다. 특히 수면의 질은 전반적인 에너지 수준과 인지 기능에 직접적인 영향을 미치므로 수면 위생을 개선하는 것이 중요하다.

또한 작업 중간에 짧은 휴식을 취하는 것도 효과적인 회복 전략이 될 수 있다. 포모도로 기법과 같은 시간 관리 방법을 활용해 집중 작업과 휴식을 번갈아 가며 수행하면 장시간 동안 높은 생산성을 유지할 수 있다. 스트레스 관리 또한 에너지 보존과 회복에 중요한 역할을 한다.

만성적인 스트레스는 에너지를 고갈시키고 행동력을 저하시킨다.

따라서 요가, 깊은 호흡, 자연 속 산책 등 스트레스 해소 활동을 일상에 포함시키는 것이 좋다. 영양 관리도 에너지 수준에 큰 영향을 미친다. 균형 잡힌 식단, 충분한 수분 섭취, 카페인과 같은 자극제의 적절한 사용은 안정적인 에너지 수준을 유지하는 데 도움이 된다.

마지막으로, 사회적 연결도 에너지 관리와 회복에 중요한 요소다. 긍정적인 인간관계는 정서적 지지를 제공하고 스트레스를 완화하며 때로는 직접적인 에너지의 원천이 될 수 있다.

효과적인 에너지 관리와 회복 전략은 지속 가능한 행동력의 핵심이다. 이는 단기적인 성과뿐만 아니라 장기적인 성공과 웰빙을 위해 필수적이다. 자신의 에너지 패턴을 이해하고, 우선순위를 설정하며, 적극적인 회복 활동을 실천함으로써 우리는 더 높은 수준의 생산성과 만족도를 달성할 수 있다. 에너지 관리는 단순히 더 열심히 일하는 것이 아니라 더 스마트하게 일하고 살아가는 방법이다.

스트레스를 극복하는 사람이 성공에 더 빨리 도착한다

　복구력은 우리가 성공을 만들어 가는 일상생활에서 매우 중요한 역할을 한다. 예를 들어 2008년 글로벌 금융 위기 당시 많은 기업이 파산했지만 일부 기업들은 위기를 기회로 전환하는 데 성공했다. 아마존의 경우 경기 침체 속에서도 클라우드 서비스를 확장하는 과감한 전략을 펼쳤고, 이것은 회사의 장기적 성장에 큰 기여를 했다.

　개인의 차원에서도 복구력의 중요성은 여러 연구를 통해 입증되었다. 미국심리학회의 연구에 따르면 높은 복구력을 가진 사람들은 스트레스 상황에서 30% 더 빠르게 회복하며, 직장에서의 생산성도 평균 25% 더 높은 것으로 나타났다. 이는 단순히 긍정적인 사고방식을 갖는 것을 넘어 실제로 문제 해결을 위한 구체적인 행동을 취하는 능력이 중요함을 보여 준다. 우리가 원하는 성공을 이루기 위해서는 한두 번 무언가를 시도하고 도전하는 것으로는 이루기가 어렵다. 우리가 원하는 것들 대부분은 장기간 무언가를 쌓아 올려야 하는 것들이다. 이 과정에서 고난을 겪지 않는 사람은 없다. 누가 빠르게 극복하느냐로 성패가 갈릴 뿐이다.

하버드의과대학교 신경학 교수 로버트 새폴스키는 스트레스가 우리 뇌와 행동에 미치는 영향에 대해 광범위한 연구를 수행했다. 적당한 수준의 스트레스는 오히려 우리의 수행 능력을 향상시키고 성장을 촉진할 수 있다. 이는 복구력의 핵심 개념과 일치한다. 즉 어려움을 겪는 것 자체가 문제가 아니라 그것에 어떻게 대응하고 적응하느냐가 중요한 것이다. 실패는 자책과 책망으로 마무리되는 경우가 많다. 반면 높은 복구력을 가진 사람들은 스트레스 상황을 위협이 아닌 도전으로 인식하며, 이를 통해 성장의 기회로 활용한다.

인지 행동 치료는 우리의 생각, 감정, 행동이 서로 밀접하게 연관되어 있다는 원리를 바탕으로 한다. 셀리그만과 그의 동료들은 인지 행동 치료를 기반으로 한 '학습된 낙관주의' 프로그램을 개발했다. 이 연구에서 참가자들은 부정적인 상황을 해석하는 방식을 바꾸고, 더 적응적인 행동 전략을 학습했다. 그 결과 우울증 증상이 감소하고 문제 해결 능력이 향상되었다. 이는 복구력이 단순히 타고나는 특성이 아니라 학습과 훈련을 통해 충분히 개발할 수 있는 능력임을 보여 준다. 복구력은 단일한 특성이 아니라 여러 요소가 복합적으로 작용하는 능력이다. 각 요소는 서로 밀접하게 연관되어 있으며, 이들을 함께 개발하고 강화함으로써 전반적인 복구력을 향상시킬 수 있다.

대처력

스트레스 대처력은 현대 사회를 살아가는 우리에게 필수적인 능력이다. 이를 효과적으로 기르기 위해서는 두 가지 핵심적인 요소에 주목해야 한다. 바로 스트레스 요인 식별과 자신의 강점 및 약점 파악이다.

우리는 일상에서 다양한 형태의 스트레스에 노출되지만 모든 사람이 동일한 상황에서 같은 수준의 스트레스를 경험하지는 않는다. 예를 들어 어떤 사람에게는 공개 석상에서의 발표가 큰 스트레스 요인일 수 있지만, 다른 사람에게는 그저 일상적인 업무로 느껴질 수 있다. 스트레스 요인을 식별하기 위해서는 자기 관찰을 병행하는 것이 효과적이다. 일주일 동안 매일 저녁 그날 경험한 스트레스 상황과 그때의 감정, 신체 반응을 기록해 보자. 이를 통해 자주 반복되는 패턴이나 예상치 못한 스트레스 요인을 발견할 수 있다. 실제로 정기적으로 스트레스 일기를 작성한 참가자들의 대다수가 한 달 후 스트레스 관리 능력의 뚜렷한 향상되었다는 보고가 있다.

강점과 약점

우리 각자는 고유한 성격과 능력을 갖고 있으며 이는 스트레스 상황에서 큰 영향을 미친다. 예를 들어 분석적 사고가 뛰어난 사람은 복잡한 문제로 인한 스트레스에 잘 대처할 수 있지만 감정적인 갈등 상황에서는 어려움을 겪을 수 있다. 갤럽의 연구에 따르면, 자신의 강점을 잘 알고 이를 일상에서 활용하는 사람들은 그렇지 않은 사람들에 비해 여섯 배 더 높은 업무 만족도를 보였으며, 스트레스로 인한 번아웃 위험도 세 배 더 낮았다. 이는 자기 이해가 스트레스 관리에 얼마나 중요한지를 잘 보여 주는 예다.

자신이 대인관계에 강점이 있다면 스트레스 상황에서 동료나 가족과의 대화를 통해 해결책을 모색할 수 있다. 반면 혼자 있는 시간이 필요한 성향이라면, 명상이나 산책 같은 개인적인 활동으로 스트레스를 해소할 수 있다.

스트레스 대처력을 향상시키기 위해서는 자신에 대한 깊은 이해가 필수적이다. 원인을 정확히 파악하고 자신의 강점과 약점을 알아가는 과정은 시간이 걸릴 수 있다. 하지만 장기적으로 볼 때, 이것은 더 건강하고 균형 잡힌 삶을 위한 중요한 투자다.

복구력의 핵심은
문제 해결 능력이다

문제 해결 능력은 복구력의 핵심 요소 중 하나로, 어려운 상황에 직면했을 때 효과적인 해결책을 찾고 실행하는 능력을 말한다. 이는 단순히 문제를 해결하는 것을 넘어 우리의 삶의 질을 크게 향상시킬 수 있는 중요한 기술이다.

문제 해결 능력은 적응력 향상에 큰 도움이 된다. 예를 들어 팬데

믹 상황에서 많은 기업이 업무 형태를 재택근무 체제로 전환할 수밖에 없었다. 이때 높은 문제 해결 능력을 가진 조직과 개인들은 새로운 업무 환경에 빠르게 적응해 생산성을 유지할 수 있었다. 실제로 글로벌 컨설팅 기업 맥킨지의 연구에 따르면, 효과적인 문제 해결 능력을 갖춘 기업들은 팬데믹 기간 동안 평균 15% 더 높은 생산성을 유지했다고 한다.

문제 해결 능력은 자기 효능감을 크게 증대시킨다. 문제를 성공적으로 해결한 경험은 자신감을 높이고, 이는 다시 미래의 도전에 대한 긍정적인 태도로 이어진다. 벽돌 하나하나가 쌓여 웅장한 건물이 되듯 우리의 자기 효능감도 문제 해결의 경험으로 한 층씩 솟아오른다. 우리의 내면에는 무한한 잠재력이 숨어 있다. 그리고 그 잠재력은 매 순간의 문제 해결을 통해 조금씩 모습을 드러낸다. 오늘의 작은 도전이 내일의 큰 자신감으로 피어나는 것이다.

5일 만에도 바뀔 수 있는 패턴 리셋 프로그램

    문제를 효과적으로 해결하려면 우선 문제를 제대로 정의할 필요가 있다. 정확히 무엇이 문제인지 파악하는 것이 중요한데 이는 생각보다 쉽지 않다. 예를 들어 체중 관리가 잘 안된다는 문제가 있다고 하자. 이를 단순히 '살이 쪘다'고 정의하는 것은 충분하지 않다. '지난 3개월간 야근과 배달 음식으로 체중이 5킬로그램 증가했다'처럼 구체적으로 정의해야 효과적인 해결책을 찾을 수 있다.

    다음은 대안 생성 단계다. 여기서는 가능한 모든 해결책을 브레인스토밍한다. 이때 중요한 것은 우선 판단을 유보하고 가능한 많은 아이디어를 도출하는 것이다. 예를 들어 '점심시간 10분 걷기', '저녁 식사 후 스트레칭', '주말 요가 클래스 참여', '사무실에 과일 준비하기' 등 실행 가능한 모든 방법을 나열해 본다.

이렇게 구체적이고 작은 단위로 나눈 해결책은 실천 가능성을 높인다. 한 번에 큰 변화를 시도하는 대신, 작은 실험들을 통해 자신에게 맞는 방법을 찾아갈 수 있다. 특히 이런 방식은 실패의 위험도 줄여 준다. 5일 만에 문제 해결을 위한 아이디어를 도출하고 나에게 맞는 방법을 검증하는 체계적 프로세스를 소개하겠다.

1일 차: 문제 정의하기

첫째 날은 문제를 정확히 정의하기 위해 자신의 일상을 현미경으로 들여다보는 시간이다. '건강 관리가 안된다'는 막연한 고민 대신, 자신의 생활을 꼼꼼히 분석해 본다. 하루 24시간을 시간대별로 적어 보면 숨겨진 패턴이 드러난다. 아침 7시 알람을 네 번씩 반복해서 누르다 결국 늦잠, 바쁜 출근 시간에 거르는 아침 식사, 점심시간 후 졸음을 쫓기 위해 마시는 달달한 카페인 음료, 퇴근 후 피곤함을 달래기 위해 시키는 배달 음식, 밤 11시가 넘어서야 시작하는 넷플릭스 시청까지.

운동 부족 문제를 해결하려 할 때, 단순히 '운동해야지'라고 생각하는 대신 하루의 모든 순간을 들여다본다. 알람을 미루느라 놓치는 아침 요가 시간, 엘리베이터 대신 계단을 이용할 수 있는 순간들, 점심시간 후 잠깐의 걷기 시간, 퇴근 후 집 근처 공원 한 바퀴 돌기. 이렇게 문제의 실체를 정확히 알고 실천 가능한 순간들을 포착해야 진정한 변화의 시작점을 찾을 수 있다. 겉으로 보이는 습관과 그 아래 숨어있는 패턴을 구분해 살펴보는 것이 핵심이다. 습관이 '무엇을 하는가'라면, 패턴은 '왜 그렇게 하는가'를 의미한다.

예를 들어 과식하는 습관이 있다면 그 아래에는 더 깊은 패턴이 존재한다. 스트레스를 받는 날이면 항상 야식을 찾게 되고, 불안할 때마다 단 음식에 손이 가며, 무료할 때면 자동으로 냉장고 앞을 서성이는 식이다. 또 다른 예로 '운동 미루기' 습관을 보자. 이 습관 아래에는 '피곤하다'는 표면적 이유를 넘어선 패턴이 있다. 월요일엔 과중한 업무에 대한 스트레스로, 수요일엔 중간 지점이라는 안일함으로, 금요일엔 주말이라는 핑계로 미루는 식의 규칙적인 패턴이 숨어 있다.

이렇게 습관 아래 숨은 패턴을 발견해야 진정한 변화가 가능하다. 단순히 과식을 줄이겠다는 다짐이 아니라, 스트레스 해소법을 바꾸고, 불안에 대처하는 새로운 방법을 찾으며, 지루함을 달랠 다른 활동을 개발하는 식으로 근본적인 해결책을 찾을 수 있다.

2일 차: 아이디어 뽑기

둘째 날은 해결책을 자유롭게 상상하는 시간이다. 체중 감량이 목표라면 아침부터 저녁까지 일상의 모든 순간에서 변화 가능한 지점을 찾아본다. 알람이 울리면 이불 속에서 10초간 엉덩이 들어올리기, 양치할 때 한 발로 서서 균형 잡기, 커피 마시며 책상에서 하는 앉았다 일어나기, 점심 먹고 사무실 세 바퀴 돌기까지.

퇴근 후 시간도 놓치지 않는다. 지하철에서 내려 한 정거장 걸어가기, 장을 보면서 무거운 장바구니로 팔 운동하기, 드라마 보면서 스트레칭하기, 설거지할 때 발뒤꿈치 들었다 내리기, 청소하면서 힙합 음악 틀고 춤추기처럼 일상의 모든 순간을 운동으로 바꿔 본다.

주말엔 더 재미있는 시도를 만들어 보자. 친구들과 1만 보 걷기 챌린지 그룹 만들기, 집 근처 공원에서 아침 요가 모임 시작하기, 매주 토요일 새로운 등산로 도전하기, 집에서 요리하면서 음악에 맞춰 스쿼트 하기, 반려견과 함께하는 공원 달리기 등.

때로는 평범한 일상에 작은 변화를 주는 것만으로도 충분하다. 엘리베이터 대신 계단 오르기, 온라인 회의할 때 서서 하기, 화장실은 항상 가장 먼 곳 이용하기, 통화할 때 집 안 돌아다니기 등. 작은 움직임들이 모여 하루 전체를 활기차게 만들 수 있다.

3일 차: 주인공 선발

셋째 날은 수많은 아이디어 중 나에게 가장 잘 맞는 해결책을 선택하는 날이다. 자신의 생활 패턴과 성향을 정직하게 고려해야 한다. 아무리 좋은 방법이라도 내 일상에 자연스럽게 녹아들지 않으면 지속하기 어렵기 때문이다.

예를 들어 건강한 식습관을 만들기 위해 제안된 여러 아이디어 중 실현 가능한 것을 골라 하루 일과로 구체화해 본다. 평일 저녁 7시 퇴근 후 장보기, 8시부터 30분간 주 3회 식사 준비, 일요일 오후 3시에 일주일 치 반찬 만들기, 매일 아침 준비한 도시락 챙기기 등 시간과 행동을 구체적으로 계획한다.

운동 계획도 마찬가지다. '매일 운동한다'는 막연한 계획 대신 '화, 목, 토 아침 7시 공원 산책걷기 30분', '월, 수, 금 퇴근 후 홈 트레이닝

20분', '토요일 오전 9시 요가 클래스'처럼 구체적인 시간과 장소, 활동을 정한다. 여기에 '운동복을 현관 옆 후크에 걸어 두기', '운동 가방을 책상 옆에 두기' 같은 작은 실천 전략도 덧붙인다.

중요한 건 이 계획이 달력에 실제로 적히고, 알람이 맞춰지며, 필요한 도구가 준비되어야 한다는 점이다. 단순한 계획이 아닌, 내일부터 당장 실천할 수 있는 구체적인 행동 지침이 되어야 한다. 여행 계획을 세우듯 세세한 부분까지 꼼꼼하게 그려 보는 것이다.

4일 차: 리허설

넷째 날은 계획을 실제로 시험해 보는 날이다. 하루 동안 새로운 생활 방식을 미리 체험해 보는 것이다. 완벽한 실행을 목표로 하기보다 실제 내 생활에 어떻게 적용될지 가볍게 실험해 보는 것이 중요하다.

예를 들어 아침 운동 습관을 만들고 싶다면, 하루 전 저녁에 운동복을 준비하고, 알람을 평소보다 30분 일찍 맞추고, 요가 매트와 물병을 현관 앞에 둔다. 다음 날 아침에는 계획대로 실행해 보면서 어떤 부분이 불편하고, 어떤 부분을 수정해야 할지 꼼꼼히 기록한다. 알람 소리가 너무 자극적인지, 운동복이 쌀쌀한 아침 날씨에 적합한지, 매트 위치가 걸리적거리지 않는지 등을 체크한다.

건강한 식습관 계획도 하루 시험해 본다. 아침에 일어나자마자 물한 잔 마시기, 오전 간식으로 준비한 과일 먹기, 점심 식사 전 샐러드 먼저 먹기, 저녁은 7시 전에 먹고 이후에는 물만 마시기 등을 실천해 본다. 이 과정에서 과일을 씻어 두지 않아 불편했던 점, 샐러드 드레

싱을 따로 준비할 필요성, 저녁 시간이 너무 이른지 여부 등을 파악할 수 있다.

이렇게 하루 동안의 실험을 통해 우리는 계획의 현실성을 점검하고 필요한 수정 사항을 발견할 수 있다. 완벽한 실행이 아닌 실수와 시행착오를 통한 학습이 이날의 진짜 목표다.

5일 차: 최종 평가

마지막 날은 하루 동안의 실험을 돌아보고 현실적으로 평가하는 날이다. 전날의 경험을 바탕으로 무엇이 효과적이었고, 어떤 부분이 개선되어야 하는지 솔직하게 점검한다.

예를 들어 아침 운동 루틴을 시도해 봤다면 구체적인 피드백을 적어 본다. '알람과 운동 시작 시간 사이에 15분의 여유가 더 필요하다', '요가 매트 대신 실내 자전거가 더 효과적일 것 같다', '혼자보다는 온라인 운동 클래스를 따라하는 게 더 동기 부여가 된다' 등 실제 경험에서 얻은 인사이트를 기록한다.

식습관 개선 계획도 꼼꼼히 검토한다. '아침 과일은 전날 밤에 미리 손질해 둬야 한다', '회사 근처 샐러드 가게 위치를 미리 파악해 둔다', '저녁 7시 식사는 현실적으로 어려우니 8시로 조정한다', '간식은 책상 서랍이 아닌 주방에 보관한다' 같은 구체적인 수정 사항을 찾아 낸다.

이런 피드백을 바탕으로 계획을 수정하고 다음 주부터 본격적으로 시작할 최종안을 만든다. 완벽한 계획보다는 실천 가능한 계획이 중요하다. 작은 성공이 모여 큰 변화를 만들어 내기 때문이다. 한 달

뒤에는 다시 한번 점검하며, 필요한 부분을 천천히 조금씩 개선해 나가면 된다.

5일간의 집중적인 패턴 리셋 프로그램은 생각보다 큰 힘을 발휘한다. 우선 시간 낭비를 크게 줄일 수 있다. 막연히 '다이어트를 해야지', '운동해야지' 하며 몇 달을 보내는 대신, 5일 만에 실천 가능한 구체적인 계획을 세우고 실험까지 해 볼 수 있다.

예를 들어 건강한 식습관을 만들고 싶다면, 첫날 문제 정의(과다한 배달 음식 주문, 불규칙한 식사 시간), 둘째 날 아이디어 뽑기(주말 장보기와 식사 준비, 사내 도시락 모임 만들기), 셋째 날 주인공 선발(주 2회 도시락 준비하기), 넷째 날 리허설(실제로 도시락을 준비해서 회사 가기), 마지막 날 최종 평가(반찬 종류 줄이기, 전날 밤 준비하기)까지 단계적으로 진행할 수 있다.

이런 방식은 실패의 위험도 크게 줄인다. 한 번에 식습관을 완전히 바꾸려다 실패하는 대신, 작은 실험을 통해 자신에게 맞는 방법을 찾을 수 있기 때문이다. 또한 운동, 독서, 학습 등 다른 영역의 습관 형성에도 동일한 방식을 적용할 수 있다.

특히 이 방법의 장점은 빠른 피드백을 통한 동기 부여다. 5일이라는 짧은 기간 동안 구체적인 변화를 실험하고 결과를 확인할 수 있어, 작심삼일에 그치지 않고 지속 가능한 변화를 만들어 낼 수 있다. 하나의 작은 성공이 다음 도전을 위한 자신감이 되는 것이다.

다양한 영역에서 활용 가능한
패턴 리셋 프로그램

패턴 리셋 프로그램은 건강, 학습, 관계 등 삶의 모든 영역에서 활용할 수 있는 유연한 변화 방법론이다. 실제로 많은 사람이 이 방법으로 오랜 시간 고민하던 문제를 해결했다. 불규칙한 수면 패턴을 개선하고, 미루기 습관을 극복하고, 운동을 일상화하는 데 성공한 것이다.

예를 들어 수면 패턴 개선의 경우, 첫날 문제 파악(새벽 2시 취침, 늦은 카페인 섭취, 취침 전 전자기기 사용), 둘째 날 해결책 도출(저녁 9시 전자 기기 끄기, 따뜻한 물로 샤워하기, 취침 전 스트레칭), 셋째 날 최적 방안 선택(9시 전자 기기 차단 알람 설정), 넷째 날 실험(계획대로 실행), 마지막 날 평가와 보완(전자 기기 차단 시간을 8시 30분으로 앞당기기)까지 체계적으로 접근할 수 있다.

학습 습관 개선도 같은 방식으로 접근한다. 문제 파악(긴 학습 시간, 낮은 집중도), 해결책 모색(25분 집중, 5분 휴식의 포모도로 기법, 아침 공부, 스터디 그룹 활용), 방안 선택(아침 6시 기상 후 2시간 집중 학습) 등 실험과 평가를 거쳐 자신만의 효과적인 학습 루틴을 만들어 낼 수 있다.

문제를 정확히 들여다보고, 다양한 해결책을 찾아보고, 실험하고 수정하는 이 체계적인 접근법은 삶의 모든 영역에서 실질적인 변화를 만들어 내는 지렛대가 될 수 있다.

목표 달성 확률을 높이는 SMART 목표 설정

모래성을 쌓을 때 모래알 하나하나가 중요하듯, 목표 달성에서도 세세한 디테일이 성패를 가른다. 로크와 라탐의 목표 설정 이론 연구는 이 진실을 과학적으로 입증했다. 목표가 구체적일수록 실천할 확률이 높아진다는 것이다. 예를 들어 '건강한 생활'이라는 희미한 목표 대신 '매일 아침 8시, 양재천 벚꽃길 30분 걷기'라는 선명한 그림을 그려 보자. '독서량 늘리기' 대신 '출퇴근길 전자책 20페이지 읽기'를 선택한다면 한 달 만에도 독서량은 엄청나게 늘어날 것이다.

목표는 별자리와 같다. 하나하나의 별이 모여 그림을 완성하듯 작은 실천들이 모여 우리의 꿈을 현실로 만든다. 매일 1만 보 걷기, 주 3회 영어 팟캐스트 듣기, 매달 식비 10만 원 줄이기 같은 작고 선명한 별들이 모여 우리 삶의 새로운 별자리를 그려 낸다. 오늘 당신은 어떤 별을 찍어 넣을 것인가? 희미한 소망이 아닌, 선명한 발자국을 남길 시간이다.

등산가가 정상을 오르기 전 상세한 등반 계획을 세우듯 성공한 기업가들은 SMART 목표 설정으로 비즈니스 정상을 정복했다. SMART 목표는 각각 Specific(구체적), Measurable(측정 가능한), Achievable(달성 가능한), Realistic(현실적), Time-bound(기한이 있는)의 약자다.

아마존의 제프 베이조스는 이 원칙의 대가다. 그는 온라인 서점이라는 생소한 비즈니스를 시작하며 '1년 내 책 100만 권 판매'라는 선명한 깃발을 꽂았다. 이 목표는 시간과 숫자로 명확히 측정 가능했고, 당시 아마존의 역량으로 달성할 수 있는 도전이었다. 결과는 놀라웠다. 120만 권 판매라는 기대 이상의 성과를 이뤄 냈다.

구글은 이 원칙을 OKR(Objectives and Key Results)이라는 전사적 시스템으로 발전시켰다. 래리 페이지는 '지메일 사용자 6개월 내 100만 명 달성' 같은 구체적 목표를 통해 회사의 에너지를 한 방향으로 정렬했다. 별들이 모여 은하수를 이루듯 명확한 목표들이 모여 구글의 폭발적 성장을 만들어 냈다.

그러나 미시간대학교 연구진은 중요한 경고를 던진다. 농부가 씨앗을 심기 전 토양을 살피듯 우리도 목표를 세우기 전 현실을 정확히 파악해야 한다는 것이다. 과도하게 야심찬 목표는 오히려 스트레스와 불안을 키워 성과를 저해할 수 있다. SMART 목표는 나침반과 같다. 목적지를 명확히 보여 주고, 진행 상황을 확인하게 해 주며, 실질적 경로를 제시한다. 오늘, 당신의 목표는 얼마나 SMART한가?

SMART 목표는 우리의 막연한 꿈을 현실로 바꾸는 지도다. '운동해야지'라는 흐릿한 다짐은 '매일 아침 7시 집 앞 공원에서 30분 걷기'라는 선명한 계획이 되고, '영어 공부 열심히 하기'라는 애매한 희망은 '매일 저녁 9시, 영어 팟캐스트 20분 듣고 문장 5개 따라 말하기'라는 구체적인 행동으로 바뀐다.

명확한 목표는 우리 안의 잠재력을 깨우는 부스터다. 매일 아침 알람이 울릴 때마다 우리는 선택의 기로에 선다. 그저 '운동해야지'였다면 다시 이불 속으로 파고들었겠지만, '공원 한 바퀴'라는 구체적인 약속이 있기에 발걸음을 떼어 본다. 걸을 때마다 우리는 조금씩 더 강해진다.

SMART 목표의 진정한 힘은 성공의 작은 맛보기를 선물한다는 점이다. '저축 열심히 하기' 대신 '매주 게임 아이템 구매 대신 만원 저축하기'를 실천하며 통장의 잔고가 조금씩 늘어나는 것을 보면 뿌듯함이 차오른다. 이런 작은 성취가 쌓여 더 큰 도전으로 이어진다.

우리의 인생은 매일매일의 선택으로 만들어진다. SMART 목표는 그 선택을 더 현명하고 구체적으로 만드는 나침반이다. 하루하루의 작은 실천이 모여 우리가 꿈꾸는 미래로 한 걸음 더 가까이 다가갈 수 있다.

평가가 체계적이면
발전하지 않을 수 없다

문제 해결 과정의 마지막 단계인 결과 평가는 실행 후 성과를 분석하고 필요한 조정을 가하는 중요한 과정이다. 이 단계에서 가장 중요한 것은 실패를 두려워하지 않는 태도다. 실리콘밸리의 '실패를 통한 학습' 문화는 이런 접근법의 대표적인 예다.

실패를 통한 학습의 효과는 여러 연구를 통해 입증되었다. 드웩은의 성장 마인드셋 연구는 실패를 학습의 기회로 여기는 사람들이 장기적으로 더 큰 성공을 거둔다는 사실을 밝혀냈다. 실제로 IBM의 연구에 따르면 실패 경험을 분석하고 학습한 팀은 그렇지 않은 팀에 비해 향후 프로젝트에서 25% 높은 성공률을 보였다.

스페이스X의 사례는 이런 접근법의 효과를 잘 보여 준다. 일론 머스크는 사업 초기에 여러 번의 로켓 발사 실패를 겪었다. 2006년부터 2008년까지 팰컨1 로켓은 세 번이나 발사에 실패했다. 그러나 스페이스X는 매 실패를 철저히 분석하고 개선점을 찾아 적용했다. 첫 번째 실패 후에는 연료 누출 문제를 해결했고, 두 번째 실패 후에는 2단계 로켓의 연소 시간을 조정했다. 이런 끊임없는 학습과 개선 끝에 스페이스X는 2008년 9월 마침내 성공적인 발사를 이뤄 냈고, 이후 우주 산업의 선두 주자로 자리매김했다.

결과 평가 단계에서는 객관적이고 체계적인 분석이 중요하다. 예를 들어 'After Action Review' 기법을 활용할 수 있다. 미국 육군에서 개발한 방법이다.

계획한 것은 무엇인가?

실제로 일어난 일은 무엇인가?

차이가 발생한 이유는 무엇인가?

다음에는 무엇을 다르게 할 것인가?

그들은 질문을 통해 행동을 평가하고 개선점을 찾는다. 구글, 나사 등 많은 조직에서 이 방법을 활용해 개인의 성과를 개선하고 있다. 문제 해결 능력은 단순한 기술이 아니라 지속적인 연습과 개선이 필요한 능력이다. 〈하버드 비즈니스 리뷰〉에 실린 연구 결과는 이를 효과적으로 뒷받침한다. 체계적인 문제 해결 훈련을 받은 직원들의 업무 성과가 평균 23% 향상되었다는 사실은 문제 해결 능력이 훈련을 통해 향상될 수 있음을 보여 준다. 이것은 개인의 성장뿐만 아니라 조직의 발전에도 큰 영향을 미친다.

실제로 도요타의 '카이젠(개선)' 문화는 이런 지속적인 문제 해결과 개선의 힘을 보여 주는 좋은 예다. 도요타는 모든 직원이 일상적으로 문제를 발견하고 해결하는 과정에 참여하도록 장려한다. 이런 문화는 도요타가 세계적인 자동차 기업으로 성장하는 데 큰 기여를 했다.

문제 해결 능력의 향상은 개인과 조직 모두에게 중요한 과제다. 우리는 일상에서 마주치는 크고 작은 문제들을 이런 단계에 따라 해결해 나가는 연습을 할 필요가 있다. 문제를 명확히 정의하고, 다양한 해결책을 모색하며, 최선의 방안을 선택하고 실행한 후 그 결과를 철저히 평가하는 과정을 반복함으로써 더 나은 문제 해결자로 성장할 수 있다. 이는 단순히 개인의 능력 향상을 넘어, 조직과 사회의 발전에도 크게 기여한다. 문제 해결 능력의 향상은 우리가 직면한 복잡한 현대 사회의 도전들을 극복하고 더 나은 미래를 만들어 가는 핵심 열쇠가 될 것이다.

힘들 때 도움이 되는 사회적 지지 네트워크

복구력의 핵심 요소 중 하나인 사회적 지지 네트워크는 어려운 시기에 도움을 받을 수 있는 인간관계와 자원을 의미한다. 이는 스트레스 상황에서 중요한 버팀목이 되며, 개인의 정신적, 신체적 건강에 큰 영향을 미친다. 사회적 지지 네트워크의 중요성은 여러 연구를 통해 입증되었다. 하버드대학교 의과대학 정신과 교수 로버트 월딩거가 진행한 80년간의 종단 연구에 따르면, 강한 사회적 관계를 가진 사람들은 그렇지 않은 사람들에 비해 수명이 평균 7.5년 더 길었다. 또한 이들은 우울증, 심장병 등의 발병률도 현저히 낮았다. 사회적 지지 네트워크는 크게 세 가지 측면에서 중요한 역할을 한다.

정서적 지원

카네기멜론대학교의 연구에 따르면, 스트레스 상황에서 친구나 가족의 지지를 받은 사람들은 그렇지 않은 사람들에 비해 코르티솔 수치가 25% 더 낮았다. 이것은 사회적 지지가 스트레스 완충 효과를 가짐을 과학적으로 입증한 결과다.

실질적 도움

갑작스러운 실직 상황에서 지인의 소개로 새 직장을 구하거나, 금전적 어려움을 겪을 때 가족의 도움을 받는 경우를 들 수 있다. 미시간대학교의 연구에 따르면, 강한 사회적 네트워크를 가진 사람들은 그렇지 않은 사람들에 비해 실직 후 재취업 속도가 두 배 더 빨랐다.

스트레스 완충 효과

UCLA의 연구진은 MRI 촬영을 통해 스트레스 상황에서 사회적 지지를 받은 사람들의 뇌에서 편도체 활성화가 크게 감소하는 것을 발견했다. 이는 사회적 지지가 스트레스 반응을 직접적으로 완화시킬 수 있음을 보여 준다.

사회적 지지 네트워크를 구축하는 방법에도 여러 가지가 있다.

기존 관계 유지

펜실베이니아대학교의 연구에 따르면 주 1회 이상 가족이나 친구와 연락하는 사람들은 그렇지 않은 사람들에 비해 우울증 발병률이

50% 더 낮았다.

새로운 관계

공통 관심사를 가진 사람들과의 교류는 새로운 지지 네트워크를 만드는 좋은 방법이다. 예를 들어 취미 동아리나 자원봉사 활동에 참여하는 식이다. 영국의 한 연구에서는 자원봉사 활동에 정기적으로 참여하는 사람들의 행복도가 그렇지 않은 사람들에 비해 16% 더 높았다. 자원봉사는 남을 위한 것이 아니라 나를 위한 것이라고까지 할 수 있다.

도움 요청

많은 사람이 도움을 요청하는 것을 어려워하지만 도움을 요청받은 사람들은 오히려 요청한 사람에 대해 더 호의적인 감정을 갖게 된다고 한다. 이는 '벤자민 프랭클린 효과'라고 불리는 심리 현상이다. '도와줬다'는 우월감과 '투자했다'는 심리는 무의식적 호감과 믿음으로 이어진다.

돕기

타인을 돕는 건 사회적 네트워크를 강화하는 좋은 방법이다. 에모리대학교의 연구에 따르면, 정기적으로 타인을 돕는 활동에 참여하는 사람들은 그렇지 않은 사람들에 비해 수명이 평균 4년 더 길었다. 앞서 언급한 자원봉사도 돕기의 대표적인 예시다.

관계가 단단하면
인생의 질이 향상된다

이런 사회적 지지 네트워크의 구축은 다른 복구력 요소들과도 밀접하게 연관되어 있다. 예를 들어 강한 사회적 네트워크는 스트레스 관리에 도움을 주고, 문제 해결 능력을 향상시키며, 유연한 사고를 촉진한다. 따라서 특정한 요소를 강화하면 다른 요소들도 함께 향상되는 선순환이 일어날 수 있다.

사회적 지지 네트워크는 복구력의 핵심 요소로서 개인의 웰빙과 성공에 크게 기여한다. 정기적인 연락, 새로운 관계 형성, 도움 요청하기, 그리고 타인 돕기 등을 통해 우리는 더 강한 사회적 지지 네트워크를 구축할 수 있다. 이는 단순히 어려운 시기를 극복하는 데 도움이 될 뿐만 아니라, 전반적인 삶의 질을 향상시키는 데도 큰 역할을 한다. 일상에서 의식적으로 사회적 관계를 유지하고 발전시키려 노력한다면 우리 모두는 더 높은 복구력을 갖추고 삶의 다양한 도전에 더 잘 대처할 수 있을 것이다.

복구력을 기르는
다양한 방법들

복구력은 오케스트라의 여러 악기가 조화롭게 어우러질 때 완성되는 교향곡과 같다. 동기 부여, 공감 능력, 의사소통 기술, 관계 형성 능력이라는 각각의 악기들이 서로 조화를 이루며 개인의 성공과 웰빙이라는 아름다운 선율을 만들어 낸다.

'What If' 시나리오는 일상의 틀을 벗어나 새로운 가능성을 탐색하는 창의적 사고 훈련이다. 매일 아침 출근길에 한 가지 What If 라고 질문을 던져 보자. "만약 우리 회사가 재택근무를 전면 도입한다면 어떨까?" 같은 상상은 업무 방식과 팀 운영에 대한 새로운 시각을 열어 준다.

예를 들어 중요 프로젝트를 앞두고 그녀는 "만약 프로젝트 기한이 갑자기 단축된다면?", "만약 핵심 팀원이 중간에 이탈한다면?" 같은 질문을 던지며 대비책을 수립한다. 이런 시나리오 훈련은 실제 위기가 닥쳤을 때의 대응 능력을 높여 준다.

개인의 성장에도 What If 시나리오는 강력한 도구가 된다. 매일 저녁 "만약 실패의 두려움이 전혀 없다면 나는 무엇을 시도할까?"라는 질문으로 하루를 마무리해 보자. 이 단순한 상상이 우리의 도전의식을 자극한다.

혁신적 사고도 이런 훈련에서 시작된다. "만약 우리 산업의 근본적인 게임 룰이 바뀐다면?", "만약 고객의 요구가 완전히 달라진다면?" 이런 질문들은 기존의 사고 패턴을 깨고 새로운 가능성을 발견하게 한다. 하루 5분의 상상이 우리의 사고 근육을 단련하고, 변화하는 세상에 대한 준비를 갖추게 한다.

복구력은 하루아침에 만들어지지 않는다. 정원을 가꾸듯 매일의 작은 실천이 필요하다. 호흡 하나, 걸음 하나, 생각 하나가 모여 우리를 더 단단하게 만든다. 복구력을 기르는 데 필요한 요소들은 무엇이 있을까?

동기 부여

목표 달성을 위해 자신을 독려하는 능력으로, 개인의 성취와 직결된다. 하버드 비즈니스 스쿨 테레사 아마빌레 교수의 연구에 따르면 높은 내적 동기를 가진 사람들은 그렇지 않은 사람들에 비해 업무 성과가 23% 더 높았고, 창의성도 35% 더 뛰어났다.

공감 능력

타인의 감정과 상황을 이해하는 능력으로, 인간관계의 질을 결정 짓는 핵심 요소다. 미시간대학교의 연구에 따르면 높은 공감 능력을 가진 의사들이 진료한 환자들의 회복 속도가 그렇지 않은 의사들의 환자들보다 평균 18% 더 빨랐다.

의사소통 기술

자신의 생각과 감정을 효과적으로 표현하는 능력으로, 개인과 조직의 성과에 직접적인 영향을 미친다. 구글의 아리스토텔레스 프로젝트 연구 결과 팀 성과의 가장 중요한 요인은 '심리적 안정감'이었는데, 이는 효과적인 의사소통에 기반한다.

관계 형성 능력

관계 형성 능력은 지지적인 인간관계를 형성하고 유지하는 능력으로, 개인의 행복과 성공에 결정적인 영향을 미친다. 하버드대학교의 80년 종단 연구에 따르면, 인생의 성공과 행복을 구축하는 가장 강력한 요인은 관계의 질이었다.

이런 능력들은 서로 밀접하게 연관되어 있기 때문에, 개발하기 위해서는 의식적인 노력과 훈련이 필요하다. 동기 부여를 위해서는 명확한 목표 설정과 자기 대화 기법을, 공감 능력 향상을 위해서는 적극적 경청 훈련을, 의사소통 기술 개선을 위해서는 피드백 주고받기 연습을, 관계 형성 능력 강화를 위해서는 네트워킹 활동 참여 등을 실천할 수 있다. 이런 노력들이 모여 개인의 복구력을 전반적으로 향상시키고 궁극적으로는 더 풍요롭고 성공적인 삶으로 이어질 수 있다.

복구력이 높은 사람들은 실패를 기회로 삼는다

실패를 배움의 기회로 전환하는 능력은 높은 복구력을 가진 개인의 핵심적인 특징이다. 이는 단순히 실패를 긍정적으로 바라보는 것을 넘어 실패로부터 구체적인 교훈을 얻고 이를 미래의 성공으로 연결시키는 적극적인 과정을 의미한다.

실패에 대한 인식 전환은 이 과정의 첫 단계다. 드웩의 성장 마인드셋 이론에 따르면 실패를 고정된 능력의 한계로 여기는 것이 아니라 성장의 기회로 인식하는 사람들이 장기적으로 더 큰 성공을 거둔다. 드웩과 연구진은 교실에서 인간 잠재력의 비밀을 발견했다. 성장 마인드셋을 지닌 학생들은 눈빛이 달랐다. 그들은 어려운 문제 앞에서 두려움 대신 호기심을 보이며 "이건 너무 어려워"라는 말 대신 "이걸 풀면 얼마나 성장할까?"라는 질문을 던졌다.

실패 후 빠르게 회복하는 전략도 중요하다. 셀리그만의 연구에 따르면, 낙관적인 설명 방식(실패를 일시적이고, 특정한 것으로 보는 시각)을 가진 사람들이 그렇지 않은 사람들에 비해 실패 후 회복 속도가 두 배 가량 더 빨랐다.

실패를 배움의 기회로 전환하는 능력은 연습을 통해 향상될 수 있다. 실패 일지를 작성해 작은 실패들로부터 배우는 습관을 들이거나, 의도적으로 작은 위험을 감수하며 실패에 대한 내성을 키우는 방법 등을 활용할 수 있다. 이런 노력들이 모여 개인의 복구력을 높이고 궁극적으로는 더 큰 도전과 성취로 이어진다. 실패는 끝이 아니라 새로운 시작이며 이를 어떻게 활용하느냐에 따라 우리의 성장과 성공이 결정된다는 점을 명심해야 한다.

복구력을 기르는
다양한 순간들

직장에서의 복구력

하루의 삶 중 가장 긴 시간을 보내는 직장은 감정이라는 파도가 끊임없이 밀려오는 바다와 같다. 그러나 직장의 스트레스는 우리를 침몰시키는 것이 아닌, 더 능숙한 항해사로 만드는 훈련장이 될 수도 있다.

우리의 하루는 작은 도전들의 연속이다. 아침 회의에서 냈던 제안은 예리한 반박에 부딪힌다. 점심시간 직전, 갑작스러운 고객의 요구로 식사 계획은 물거품이 된다. 오후에는 실수한 부분을 지적받는다. 이런 순간들은 우리의 내면을 단련하는 금쪽같은 기회다. 갈등을 피하는 대신 이렇게 말할 수도 있다.

"팀장님, 이번 프로젝트에서 제 의견이 충분히 반영되지 않아 아쉬웠습니다. 다음에는 제가 준비한 자료도 함께 검토해 주시면 감사하겠습니다."

이런 솔직하면서도 정중한 대화는 얼어붙은 관계를 녹이는 따뜻한 햇살이 된다. 한 방울의 물이 호수에 퍼지듯 작은 변화는 조직 전체로 확산된다.

직장에서 마주치는 모든 순간은 우리를 더 단단하게 만드는 스승이다. 때로는 거친 파도처럼 다가오지만 그 파도를 타고 난 후 우리는 한 뼘 더 성장한 자신을 발견한다. 이것이 바로 진정한 직장에서의 복구력이다.

직장에서의 복구력은 견고한 건축물을 세우는 과정과 같다. 갈등 관리는 단단한 기초 공사로, 스트레스 대처는 튼튼한 기둥과 벽체로, 변화 적응은 유연한 내진 설계로 구현된다. 이 요소들이 조화롭게 결합될 때 우리의 직장 생활은 어떤 흔들림에도 견딜 수 있는 건축물이 된다. 단기적으로는 탁월한 업무 성과라는 아름다운 외관을, 장기적으로는 지속 가능한 성장이라는 견고한 구조를 완성한다.

미국심리학회의 최신 조사는 이 건축물의 가치를 입증한다. 스트레스 관리에 능숙한 직장인들의 업무 만족도는 35% 더 높았다. 이들은 업무 압박이라는 강풍을 버티는 것을 넘어 그것을 더 높이 올라가는 계단으로 활용한다.

컨설팅 회사 맥킨지 앤 컴퍼니는 적응력이라는 최신 건축 공법의 효과를 밝혀냈다. 높은 적응력을 갖춘 직원들은 업무 성과가 더 20%

높았고, 이직률은 30% 더 낮았다. 이들의 비결은 성장 마인드셋이라는 첨단 자재에 있다. 실패라는 균열을 보수가 필요한 신호로 받아들이며, 더 나은 보강 공사의 기회로 삼는다.

복구력은 더 이상 선택이 아닌 건축의 필수 요소다. 개인의 꾸준한 시공 노력과 조직의 체계적인 설계도가 만날 때 우리는 어떤 지진에도 무너지지 않는 마천루를 완성할 수 있다. 오늘도 우리는 한 층 더 높은 성장의 건축물을 쌓아 올린다.

가정과 인간관계에서의 복구력은 거센 폭풍우 속에서도 서로를 지켜 주는 튼튼한 우산과도 같다. 하버드대학교의 2023년 가족 관계 연구에 따르면, 높은 복구력을 가진 가정의 구성원들은 삶의 만족도가 평균 45% 더 높았다.

심리학자 존 가트만 박사의 2022년 부부 관계 연구는 흥미로운 결과를 보여 준다. 갈등 상황에서 '부드러운 대화 시작'을 실천한 부부들의 관계 만족도는 그렇지 않은 부부들보다 67% 더 높았다. 옥스퍼드대학교의 2023년 연구는 정기적으로 가족 회의를 갖는 가정의 구성원들이 스트레스 대처 능력이 38% 더 높다는 사실을 밝혔다.

감정 조절은 복구력의 단단한 기둥이다. 예일대학교 감성지능연구소의 2023년 보고서는 감정 일기를 꾸준히 쓴 사람들의 대인 관계 만족도가 41% 향상됨을 보여 준다. 건강한 인간관계는 끊임없이 물을 주고 가꿔야 하는 정원과 같다. 스탠포드대학교의 2023년 종단 연구는 주 3회 이상 깊이 있는 대화를 나누는 가족들의 관계 만족도가 52% 더 높다는 것을 입증했다.

가정과 인간관계에서의 복구력은 하나의 교향곡을 만들어 내는 여러 악기처럼 다양한 요소가 조화롭게 어우러져야 한다. 갈등 해결은 첼로의 깊이 있는 울림이고, 건강한 관계 구축은 바이올린의 섬세한 선율이며, 감정 조절은 피아노의 절제된 터치와도 같다. 이 모든 것이 조화를 이룰 때 아름다운 인생의 교향곡이 완성된다.

정원을 가꾸듯 꾸준한 관심과 노력으로 물을 주고, 때로는 가지를 쳐내며, 영양분을 보충해 주는 과정이 필요하다. 그렇게 성장한 관계의 나무는 인생의 풍파 속에서도 흔들리지 않는 단단한 뿌리가 된다. 우리의 삶은 끊임없이 흐르는 강물과 같아서 때로는 잔잔하고 때로는 거세게 흐른다. 그러나 복구력이라는 튼튼한 뗏목이 있다면 그 어떤 흐름도 헤쳐나갈 수 있다. 결국 행복한 인간관계는 저절로 만들어지지 않는다. 우리가 함께 빚어 가는 아름다운 도자기와 같다. 매일의 작은 노력들이 모여 단단하고 아름다운 형태를 만들어 간다. 그리고 이렇게 만들어진 관계는 우리 삶의 가장 귀중한 보물이 되어 우리를 시련과 좌절 속에서 든든하게 지켜준다.

건강한 생활은
복구력의 기본이다

건강과 웰빙을 위한 복구력

현대인의 삶에서 복구력은 선택이 아닌 필수가 되었다. 복구력은 단순히 질병을 피하는 것이 아니라, 신체와 정신의 균형을 적극적으로 관리하고 증진하는 능력을 의미한다. 이는 일상의 작은 실천에서 시작되어 전반적인 삶의 질을 높이는 핵심 요소로 자리 잡았다.

스트레스와 건강의 관계는 더욱 분명해지고 있다. 미국심리학회의 최신 연구 결과는 충격적인 현실을 보여 준다. 만성 스트레스는 심장병 발병 위험을 40% 증가시키고, 면역 체계를 약화시켜 감염병에 걸릴 확률을 70% 높인다. 이러한 수치는 현대인의 생활 방식이 얼마나 위험한지를 여실히 보여 준다.

그러나 희망적인 연구 결과도 있다. 맥고니걸의 연구에 따르면 스트레스를 도전의 기회로 받아들이는 사람들은 심장병 발생 위험이 23% 낮았다. 이는 스트레스에 대한 우리의 관점 변화가 실제 건강에 미치는 영향을 입증한다.

건강한 생활 습관의 중요성은 더욱 강조되고 있다. 미국 국립보건원의 연구는 건강한 생활 습관이 평균 수명을 14년 연장할 수 있다고 밝혔다. 규칙적인 운동, 균형 잡힌 식사, 충분한 수면 같은 기본적인 생활 습관이 수명과 삶의 질에 지대한 영향을 미친다는 것이다.

정신 건강의 중요성 역시 간과할 수 없다. 세계보건기구의 통계에 따르면 전 세계 인구의 25%가 정신 건강의 어려움을 경험한다. 이는 정신 건강 관리가 더 이상 선택이 아닌 필수임을 보여 준다. 일상적인 스트레스 관리부터 전문적인 상담까지, 각자에게 맞는 정신 건강 관리 방법을 찾고 실천하는 것이 중요하다.

건강과 웰빙을 위한 복구력은 거창한 것이 아니다. 일상의 작은 습관들이 모여 패턴으로 굳어질 우리의 건강을 지탱한다. 더 이상 건강을 질병의 부재로만 정의하지 않는다. 능동적이고 적극적인 관리를 통해 우리는 더 나은 삶을 만들어 갈 수 있다. 그것은 우리가 선택할 수 있는 가장 현명한 투자이며 현대를 살아가는 모든 이에게 필수적인 생존 전략이다.

위기를 넘어 본 사람이 성장한다

트라우마와 상실 후의 회복

트라우마와 상실 후의 회복은 복구력의 가장 중요한 적용 영역 중 하나다. 심각한 트라우마나 상실 경험은 개인의 삶에 깊은 상처를 남기지만 적절한 대처와 회복 과정을 통해 오히려 개인의 성장으로 이어질 수도 있다. 트라우마의 이해와 대처는 회복의 첫 단계다. 미국 정신의학회의 연구에 따르면, 성인의 약 70%가 생애 한 번 이상의 트라우마를 경험하며, 이 중 20%가 외상 후 스트레스 장애(PTSD)로 발전한다.

봄날 정원의 꽃들이 각자의 시기에 피어나듯 트라우마에 대한 반응도 개인마다 다르게 나타난다. 어떤 이는 작은 소리에도 놀라고 과민해지는 과각성을 보이고, 또 다른 이는 관련된 모든 것을 피하려 한다.

상실의 아픔도 저마다의 방식으로 치유된다. 정신과 의사 퀴블러로스가 제시한 '5단계 슬픔 모델'은 강물이 흐르듯 자연스러운 회복의 과정을 보여 준다. 부정은 얼어붙은 강물이고, 분노는 봄철의 급류다. 타협은 물살이 잔잔해지는 구간이며, 우울은 깊은 물웅덩이다. 마지막 수용은 넓은 바다로 흘러드는 순간이다.

하버드의과대학교의 연구 결과는 희망적이다. 상실 후 적절한 애도 과정을 거친 사람들은 그렇지 않은 이들보다 2년 후 우울증 발병률이 40% 더 낮았다. 이는 아픔을 제대로 마주하고 받아들이는 것이 회복의 핵심임을 보여 준다.

전문적 도움 찾기와 자기 돌봄

전문적 도움 찾기와 자기 돌봄은 회복 과정에서 매우 중요하다. 미국심리학회의 조사에 따르면, 트라우마나 상실 후 전문적 도움을 받은 사람들의 80%가 증상 개선을 경험했다. 그러나 많은 사람이 여전히 정신 건강 서비스를 찾는 것을 주저한다.

자기 돌봄 역시 회복 과정에서 중요하다. 이는 충분한 수면, 균형 잡힌 식단, 규칙적인 운동 등 기본적인 신체 관리부터 명상, 취미 활동 등 정신적 웰빙을 위한 활동을 포함한다. 존스홉킨스대학교의 연구에 따르면 트라우마 후 규칙적인 운동을 한 사람들은 그렇지 않은 사람들에 비해 PTSD 증상이 50% 더 빨리 개선되었다.

트라우마의 이해와 대처, 건강한 애도, 전문적 도움 찾기, 자기 돌봄은 회복 과정에서 핵심적인 요소들이다. 우리는 이런 접근법을 통해 트라우마와 상실의 경험을 극복하고, 더 강하고 탄력적인 개인으로 성장할 수 있다. 트라우마와 상실은 삶의 끝이 아닌 새로운 시작이 될 수 있으며, 이를 통해 우리는 더 깊은 삶의 의미와 목적을 발견할 수 있는 것이다.

만성 스트레스와 번아웃 극복

만성 스트레스와 번아웃은 현대 사회에서 많은 이들이 직면하는 심각한 문제다. 세계보건기구(WHO)에 따르면, 전 세계 근로자의 약 45%가 만성 스트레스를 경험하며, 이 중 28%가 번아웃 증상을 보인다. 이런 상황에서 복구력의 발휘는 개인의 건강과 삶의 질 유지에 결정적인 역할을 한다.

우선 징후를 인식하는 것은 회복의 첫 단계다. 스탠포드대학교의 연구에 따르면 만성 스트레스의 주요 증상으로는 지속적인 피로감, 불면증, 집중력 저하, 면역력 약화 등이 있다. 번아웃의 경우 이에 더해 냉소주의, 업무 효율성 저하, 정서적 고갈 등이 나타난다.

에너지 관리와 회복 전략은 만성 스트레스와 번아웃 극복의 핵심이다. 미국심리학회의 연구에 따르면 효과적인 에너지 관리 전략을 실천한 직장인들은 그렇지 않은 이들에 비해 스트레스 수준이 35% 더 낮았고, 업무 만족도는 40% 더 높았다. 주요 전략으로는 규칙적인 운동, 충분한 수면, 명상, 취미 활동 등이 있다.

일과 삶의 균형을 유지하는 것도 장기적인 스트레스 관리와 번아웃 예방에 필수적이다. 하버드 비즈니스 스쿨의 연구에 따르면 일과 삶의 균형을 건강하게 유지하는 직장인들은 그렇지 않은 이들에 비해 업무 생산성이 25% 더 높고, 이직률은 50% 더 낮았다.

만성 스트레스와 번아웃 극복은 자신의 상태를 정확히 인식하고, 효과적인 에너지 관리 전략을 실천하며, 일과 삶의 건강한 균형을 유지하는 것에서 시작된다. 이는 단순히 개인의 웰빙을 위해서뿐만 아니라, 장기적인 커리어 성장과 삶의 만족도 향상을 위해서도 필수적이다. 우리는 이런 접근법을 통해 현대 사회의 높은 스트레스 환경 속에서도 건강하고 생산적인 삶을 영위할 수 있다. 만성 스트레스와 번아웃은 피할 수 없는 운명이 아니라, 적절한 대처와 관리를 통해 극복할 수 있는 도전인 것이다.

급격한 변화 속에서 적응해야
살아남을 수 있다

대규모적인 변화와 불확실성은 현대 사회의 특징이며 이런 환경에서 적응하는 능력은 개인과 조직의 성공에 핵심적인 요소가 되었다. 맥킨지의 연구에 따르면, 급격한 변화에 잘 적응하는 기업들은 그렇지 않은 기업들에 비해 평균 수익성이 50% 더 높았다. 개인의 차원에서도 이는 마찬가지로, 높은 적응력을 가진 사람들은 그렇지 않은 이들에 비해 직업 만족도가 35% 더 높고 승진 확률도 두 배 더 높았다.

변화에 대한 저항을 극복하는 것이 적응의 첫 단계다. 하버드 비즈니스 스쿨의 존 코터 교수는 변화에 대한 저항의 주요 원인으로 불확실성에 대한 두려움, 기존 상태에 대한 애착, 변화의 필요성에 대한 이해 부족 등을 꼽았다.

불확실성 속에서 기회를 찾는 능력은 복구력의 핵심 요소다. 스탠포드대학교의 연구에 따르면, 불확실성을 기회로 인식하는 사람들은 그렇지 않은 이들에 비해 혁신적인 아이디어를 20% 더 많이 제안하고, 새로운 프로젝트에 참여할 확률이 두 배 더 높았다. 유연성과 적응력을 키우는 것은 장기적인 성공을 위해 필수적이다.

대규모 변화와 불확실성 속에서의 적응은 변화에 대한 저항 극복, 불확실성 속 기회 포착, 그리고 유연성과 적응력 향상을 통해 이뤄진다. 이는 단순히 생존을 위한 전략이 아니라 급변하는 환경에서 성공하고 번영하기 위한 필수적인 능력이다. 우리는 이런 접근법을 불확실성에 대한 두려움을 떨치고 성장과 혁신의 기회로 삼을 수 있다. 변화와 불확실성은 우리의 대응 방식에 따라 이것은 위기가 아닌 기회가 될 수 있는 것이다.

| 5단계 |

지속하라

매 순간 성공하며 사는 법

PATTERN

성공 패턴을 새기는
아주 작은 습관들

많은 사람이 성공을 하나의 사건이나 순간이라고 생각한다. 하지만 성공은 지속적인 노력의 결실이다. 우리가 꿈꾸는 삶과 이루고자 하는 목표는 하루아침에 이뤄지지 않는다. 그것은 매일의 작은 선택과 꾸준한 노력이 모여 만들어 내는 장기적인 결과물이다. 성공한 사람들은 목표를 향해 꾸준히 노력했고, 어려움이 있어도 포기하지 않았다. 반면 실패하는 사람들에게서는 포기 패턴이 자주 발견된다. 새로운 목표 프로젝트를 시작할 때는 누구나 뜨거운 열정에 휩싸이지만 실패하는 사람들은 초기 열정이 식으면 쉽게 포기하는 경향이 있다.

성공을 위해서는 일관된 노력이 필요하다. 그러나 포기 패턴에 빠진 사람들은 뚜렷한 기준이 없어서 열심히 하다가도 갑자기 모든 것을 내팽개치는 등 일관성 없는 행동을 보인다. 장기적 목표보다 단기적 만족을 추구하는 경향도 있다. 이렇게 되면 의미 있는 목표를 이루기가 어렵다. 중요한 것은 포기 패턴이 다른 실패 패턴과 밀접하게 연결되어 있다는 점이다. 포기한 후에는 자신을 탓하거나 외부 환경을 탓하게 되고, 한번 포기하면 '어차피 나는 해낼 수 없어'라는 부정적 패턴에 빠지기 쉽다.

포기 패턴은 다음 도전에 대한 두려움을 키워 새로운 시도를 하기까지 오랜 시간이 걸리게 만든다. 실행을 발목 잡는 포기 패턴이 나를 점점 더 깊은 악순환으로 이끈다. 이는 성공으로 가는 길에 큰 걸림돌이 된다. 이런 실패 패턴을 인지하고 개선하는 것이 지속적인 성공을 위한 중요한 과정이다. 성공은 하루아침에 이뤄지지 않는다. 그것은 매일의 작은 선택과 꾸준한 노력의 결과다.

성공한 사람들은
단기전과 장기전 모두에 능하다

성공은 단순히 길고 힘든 여정을 넘어 지속적인 노력과 꾸준한 실행이 중요하다. 성공한 사람들의 가장 중요한 특징은 이 강력한 지속 패턴에 있다. 성공한 사람들은 단기적 열정에 그치지 않고, 장기적으로 행동을 지속한다. 단기적인 열정, 일시적인 동기 부여에 의존하지 않고 장기적인 비전을 갖고 그 목표를 향해 꾸준히 나아간다. 그들은 작은 성장이라도 매일 조금씩 나아가는 것의 가치를 인지하고 있다. 마크 저커버그는 페이스북을 창업한 이후에도 매일 코딩 실력을 향상시키기 위해 노력했다. 그는 "일관성은 완벽함보다 중요하다"라고 말하며 꾸준한 노력의 중요성을 강조했다. 이는 성공이란 단순히 목표의 달성이 아니라, 지속적인 성장과 발전의 과정임을 보여 준다.

강력한 지속 패턴은 하루아침에 만들어지는 것이 아니다. 의식적인 노력과 꾸준한 실천을 통해 점진적으로 구축해 나가는 것이다. 여기서 중요한 것은 완벽함이 아닌 일관성이다. 때로는 실패도 있고 성장이 더딜 수 있다. 그러나 포기하지 않고 계속해서 앞으로 나아가는 패턴을 새겨 놓아야 한다.

체계적일수록
성공이 길어진다

지속적인 개선과 성장을 위해서는 체계적인 접근이 필요하다. 이는 정기적인 성과 검토, 도전 수준 조정, 학습 전이, 그리고 휴식과 회복의 중요성 인식 등을 포함한다. 이런 요소들은 단순히 개인의 발전뿐만 아니라 장기적인 성공과 웰빙에도 핵심적인 역할을 한다.

정기적인 성과 검토

지속적인 개선의 기본이라고 할 수 있다. 하버드 비즈니스 리뷰의 연구에 따르면, 주간 및 월간 단위로 진전 사항을 평가하는 직원들은 그렇지 않은 이들에 비해 목표 달성률이 32% 더 높았다. 내가 달려온 길을 살피지 않고 앞만 보고 가다 보면 어느 순간 방향이 틀렸음을 인지해도 수정하기 어렵다.

도전 수준 조정

적절한 조정은 성장을 위해 필수적이다. 심리학자 미하이 칙센트 미하이의 '몰입' 이론에 따르면, 현재 능력을 약간 상회하는 수준의 과제를 수행할 때 최적의 학습과 성장이 일어난다.

학습 전이

습득한 기술을 다양한 상황에 적용하는 능력은 실질적인 성장의 지표다. 교육 심리학 연구 '학습전이 촉진 전략'에 따르면 학습한 내용을 실제 환경에 적용해보는 사람들은 그렇지 않은 이들에 비해 장기 기억 유지율이 70% 더 높았다.

휴식과 회복

스탠포드대학교의 연구에 따르면, 적절한 휴식을 취하는 직장인들은 그렇지 않은 이들에 비해 생산성이 26% 높고, 번아웃 위험은 40% 낮았다.

지속적인 개선과 성장은 체계적이고 균형 잡힌 접근을 필요로 한다. 정기적인 성과 검토를 통해 나의 성장 과정과 나의 변화 과정을 파악하고, 적절한 도전 수준을 유지하며, 학습한 내용을 실제 상황에 적용해 보는 것이 중요하다. 동시에 충분한 휴식과 회복의 시간을 확보해 장기적인 성장과 웰빙을 도모해야 한다. 이런 전략들을 일상에 적용한다면 우리는 지속 가능한 성장과 성공을 이룰 수 있을 것이다. 개선은 단순한 목표가 아닌 삶의 방식이 되어야 하며, 이를 통해 우리는 끊임없이 변화하는 세상에서 더 나은 버전의 나를 만들어 갈 수 있을 것이다.

성공하고 싶다면
지금 하고 있는 것에 몰입하라

의미 있는 일에 몰입하는 능력은 개인의 성장과 성취에 핵심적이다. 칙센트미하이는 몰입 상태에서 우리가 최고의 성과를 내고 가장 큰 만족감을 느낀다고 말한다. 몰입 상태에 도달하기는 쉽지 않다. 이를 위해서는 작은 성공의 축적, 자기 모니터링 기술 개발, 환경 최적화, 보상 시스템 구축 등의 전략이 필요하다.

작은 성공 축적하기

몰입을 위한 첫 번째 단계다. 하버드 비즈니스 스쿨의 연구에 따르면, 작은 성공을 경험한 직원들은 그렇지 않은 이들에 비해 다음 과제에 대한 동기 부여가 31% 더 높았다.

자기 모니터링 기술 개발

스탠포드대학교의 연구에 따르면, 자신의 집중도와 생산성을 주기적으로 체크하는 사람들은 그렇지 않은 이들에 비해 업무 효율성이 25% 더 높았다.

환경 최적화

캘리포니아대학교의 연구에 따르면 최적화된 작업 환경에서 일하는 직원들의 생산성은 평균 32% 더 높았다.

보상 시스템 구축

지속적인 몰입을 위해 필수적이다. 행동 심리학 연구에 따르면, 적절한 보상 시스템이 있을 때 우리의 동기와 성과가 크게 향상된다.

의미 있는 일에 몰입하는 것은 단순한 재능이 아닌 체계적으로 개발할 수 있는 능력이다. 작은 성공의 축적을 통해 자신감과 모멘텀을 쌓고, 자기 모니터링 기술을 통해 최적의 작업 패턴을 찾으며, 환경을 최적화하고 적절한 보상 시스템을 구축함으로써 우리는 더 깊은 몰입 상태에 도달할 수 있다. 이런 전략들을 일상에 적용한다면, 우리는 더 높은 성과와 만족감을 얻을 수 있을 것이다. 몰입은 단순히 일의 효율성을 높이는 것을 넘어, 우리 삶에 더 깊은 의미와 행복을 가져다주는 열쇠인 것이다.

성공을 유지할 수 있는 다양한 지속 패턴

행동 지속 패턴을 이해하기 위해서는 관련 이론들을 살펴볼 필요가 있다. 그중에서도 특히 주목할 만한 것이 자기 결정 이론이다. 이는 인간의 동기 부여와 행동 지속성에 대한 깊이 있는 통찰을 제공하며, 실제 생활에서 지속 패턴을 향상시키는 데 매우 유용하다.

자기 결정 이론

자기 결정 이론은 웅장한 건축물을 떠받치는 세 개의 기둥과 같다. 자율성, 유능감, 관계성이라는 이 세 기둥이 조화롭게 서 있을 때 우리의 내재적 동기는 황금빛 돔처럼 빛난다.

자율성은 첫 번째 기둥이다. 스스로 선택하고 결정할 수 있는 자유는 창의성의 문을 열어 준다.

유능감은 두 번째 기둥이다. 성장하고 발전하는 자신을 발견할 때 우리의 동기는 더욱 단단해진다. 매주 작은 목표를 달성해가는 과정에서 우리는 자신의 잠재력을 확인한다.

관계성은 세 번째 기둥이다. 동료들과의 진정한 연대감은 업무에 새로운 의미를 부여한다. 서로를 지지하고 격려하는 팀 문화 속에서 개인의 동기는 꽃처럼 피어난다.

자기 결정 이론에서 특히 주목할 점은 내재적 동기가 행동의 지속성을 높인다는 것이다. 외부의 보상이나 처벌에 의해 형성되는 외재적 동기와 달리, 내재적 동기는 행동 자체에서 오는 만족감과 즐거움에 기반한다.

예를 들어 단순히 다이어트를 위해 운동하는 것보다 운동 자체의 즐거움을 찾은 사람들이 더 오랫동안 운동을 지속할 가능성이 높다. 운동할 때의 상쾌함, 친구들과 함께하는 즐거움, 새로운 동작을 익히는 성취감 등 운동이 주는 본질적인 가치를 발견한 사람들은 자연스럽게 운동을 일상의 한 부분으로 받아들이게 된다.

자기 결정 이론의 또 다른 중요한 시사점은 자율성 지원이 장기적인 행동 변화에 매우 중요하다는 것이다. 이는 단순히 선택권을 주는 것을 넘어, 개인의 관점을 이해하고 인정하며, 의미 있는 선택지를 제공하는 것을 의미한다.

자기 결정 이론은 행동 지속 패턴을 높이는 데 있어 내재적 동기와 자율성의 중요성을 강조한다. 이 이론을 일상생활에 적용함으로써, 우리는 더 높은 지속 패턴을 갖출 수 있다. 자신의 행동에서 의미와 즐거움을 찾고, 스스로 선택하고 결정할 수 있는 환경을 만드는 것이 중요하다. 이를 통해 우리는 단기적인 변화를 넘어 장기적이고 지속 가능한 행동 변화를 이룰 수 있을 것이다.

목표 설정 이론

구체적이고 도전적인 목표 설정은 개인의 성과와 행동 지속 패턴에 미치는 영향을 체계적으로 설명한다. 목표 설정 이론은 단순히 '최선을 다하라' 같은 모호한 지시보다 명확하고 구체적인 목표가 훨씬 더 효과적임을 과학적으로 입증한다.

로크의 연구에 따르면 구체적이고 도전적인 목표를 설정한 사람들은 그렇지 않은 이들에 비해 평균 16% 더 높은 성과를 보였다. 이는 목표가 우리의 주의를 집중시키고, 노력을 동원하며, 지속성을 높이는 역할을 하기 때문이다. 예를 들어 '건강해지기'라는 모호한 목표보다 '3개월 안에 5킬로그램 감량하기'라는 구체적인 목표가 더 효과적이라는 것이다.

목표는 등산가의 정상 표지와 같다. 정확한 고도와 방향을 알려 주는 선명한 이정표가 있을 때 우리의 발걸음은 더욱 확신에 차게 된다. 목표 설정 이론의 핵심은 바로 이 선명함에 있다. 구체적인 목표는 우리의 현재 위치를 정확히 파악하게 해 주며, 남은 거리를 가늠할 수 있게 한다.

피드백은 항해사의 레이더와 같은 역할을 한다. 로크의 연구는 정기적인 피드백을 받은 그룹의 목표 달성률이 30% 더 높았음을 보여준다. 피드백은 우리가 올바른 항로를 유지하고 있는지 확인하게 해주며, 필요할 때 방향을 미세하게 조정할 수 있게 한다.

목표 설정 이론은 행동 지속 패턴을 만드는 데 있어 구체적이고 도전적인 목표 설정의 중요성을 강조한다. 명확한 목표는 우리의 행동에 방향성을 제시하고, 지속적인 동기 부여의 원천이 된다. 또한 목표 달성 과정에서의 정기적인 피드백은 우리가 올바른 방향으로 나아가고 있는지 확인하고 필요한 조정을 할 수 있게 한다. 이 이론을 일상생활에 적용함으로써 우리는 더 높은 지속 패턴을 갖추고 지속적인 성장과 발전을 이룰 수 있을 것이다.

사회 인지 이론

반두라가 제안한 사회 인지 이론은 지속 패턴의 핵심 요소를 이해하는 데 중요한 통찰을 준다. 이 이론은 자기 효능감, 결과 기대, 관찰 학습이라는 핵심 개념을 통해 인간의 행동과 학습을 설명한다. 특히 행동 지속 패턴과 관련해 사회 인지 이론은 매우 유용한 관점을 준다.

자기 효능감은 특정 과제를 성공적으로 수행할 수 있다는 자신의 능력에 대한 믿음을 말한다. 반두라의 연구에 따르면, 높은 자기 효능감을 가진 사람들은 어려운 상황에서도 포기하지 않고 지속적으로 노력하는 경향이 있다. 실제로 자기 효능감이 높은 직장인들은 그렇지 않은 이들에 비해 더 높은 업무 성과를 보이고, 업무 스트레스에도 더 효과적으로 대처하는 경향이 있다. 이들은 어려운 과제를 만났을 때도 자신의 능력을 믿고 도전하며, 스트레스 상황에서도 긍정적인 태도로 해결책을 찾아 나간다.

씨앗을 심는 정원사는 미래의 꽃을 그린다. 결과에 대한 선명한 기대가 매일의 정성스러운 돌봄으로 이어진다. 행동 지속의 비밀도 이와 다르지 않다. 우리의 노력이 만들어 낼 변화를 선명하게 그릴수록, 그 여정은 더욱 단단해진다.

최신 연구는 이 진실을 수치로 보여 준다. 운동이 가져올 긍정적 변화를 명확히 인식한 사람들은 6개월이 지난 후에도 운동을 지속할 확률이 세 배나 높았다. 미래의 열매를 그리는 상상력은 현재의 행동을 지탱하는 기둥이 된다. 결과에 대한 긍정적 기대는 우리의 발걸음을 더 가볍고 힘차게 만든다.

관찰 학습은 다른 사람의 행동과 그 결과를 관찰함으로써 학습하는 과정을 말한다. 특히 롤 모델의 성공 경험은 강력한 동기 부여 요소가 된다. 반두라의 실험에서 비슷한 처지의 사람이 어려운 과제를 성공적으로 수행하는 모습을 본 참가자들은 자신도 그 과제를 할 수 있다는 자신감이 크게 증가했고, 실제로 더 높은 성공률을 보였다.

사회 인지 이론은 행동 지속 패턴을 높이는 데 있어 자기 효능감, 긍정적 결과 기대, 그리고 롤 모델의 중요성을 강조한다. 우리는 작은 성공 경험을 통해 자기 효능감을 키우고, 행동의 긍정적 결과를 명확히 인식하며, 성공적인 롤 모델을 관찰하고 학습함으로써 지속 패턴을 향상시킬 수 있다. 이런 접근은 단기적인 변화를 넘어 지속 가능한 행동 변화와 성장을 가능케 한다. 사회 인지 이론의 원리를 일상에 적용한다면, 우리는 더 높은 지속 패턴을 갖추고 삶의 다양한 도전을 성공적으로 극복할 수 있을 것이다.

계획 행동 이론

계획 행동 이론은 인간의 행동을 예측하고 이해하는 데 중요한 통찰을 준다. 태도, 주관적 규범, 지각된 행동 통제라는 세 가지 핵심 개념을 통해 행동의 의도와 실제 수행을 설명한다. 특히 행동 지속 패턴과 관련해 계획 행동 이론은 매우 유용한 시사점을 제공하며, 지속 패턴을 향상시키는 데 중요한 역할을 한다.

태도는 특정 행동에 대한 개인의 긍정적 또는 부정적 평가를 말한다. 아이젠의 연구에 따르면, 행동에 대해 긍정적인 태도를 가진 사람들은 그 행동을 지속할 가능성이 훨씬 높다. 〈사이콜로지컬 리뷰〉에 건강한 식습관의 비밀을 밝혀 낸 흥미로운 연구가 실렸다. 웬디 우드와 데이비드 닐이 2016년에 발표한 이 연구는 긍정적인 마음가짐이 건강한 식습관을 오래 유지하는 열쇠라는 사실을 과학적으로 증명했다. 이는 단순한 의지력이나 지식보다 식사에 대한 긍정적인 태도가 더 중요할 수 있다는 놀라운 발견이었다.

주관적 규범, 즉 개인이 중요하게 여기는 사람들의 기대와 사회적 압력도 행동 지속에 중요한 역할을 한다. 사회적 지지가 높을수록 행동을 지속할 가능성이 높아진다. 건강한 변화의 여정에서 우리는 혼자가 아니다. 가족과 친구들의 따뜻한 지지와 격려는 건강한 생활 습관을 이어 가는 든든한 버팀목이 된다.

사회적 지지는 든든한 안전망이 되어 스트레스를 줄이고 자신감을 높인다. 직장인 채식 모임에서는 서로의 식단을 공유하고 응원하며 작은 성공을 함께 기뻐한다. 이런 소속감과 책임감은 일시적인 다짐을 지속적인 실천으로 바꾼다. 연구진은 사회적 지지가 단순한 응원을 넘어 실제 행동 변화의 핵심 동력임을 밝혀냈다. 혼자서는 흔들릴 수 있는 결심도 누군가의 따뜻한 지지가 더해지면 굳건한 습관이 된다. 우리의 건강한 변화는 함께할 때 더욱 빛난다.

지각된 행동 통제는 개인이 특정 행동을 수행할 수 있다고 믿는 정도를 말한다. 이는 자기 효능감과 유사한 개념으로, 높은 자기 통제력을 가진 사람들은 어려움에 직면해도 쉽게 포기하지 않는다. 아이젠의 연구에 따르면, 지각된 행동 통제력이 높은 사람들은 그렇지 않은 이들에 비해 목표 행동을 30% 더 오래 지속했다.

계획 행동 이론은 행동 지속 패턴을 높이는 데 있어 긍정적 태도 형성, 사회적 지지 확보, 그리고 자기 통제력 향상의 중요성을 강조한다. 우리는 특정 행동의 이점을 명확히 인식하고 긍정적인 태도를 갖추며, 주변 사람들의 지지를 얻고, 자신의 능력에 대한 믿음을 키움으로써 지속 패턴을 향상시킬 수 있다.

이런 접근은 단기적인 변화를 넘어 지속 가능한 행동 변화와 성장을 가능케 한다. 계획 행동 이론의 원리를 일상에 적용한다면, 우리는 더 높은 지속 패턴을 갖추고 삶의 다양한 목표를 성공적으로 달성할 수 있을 것이다.

습관 형성 이론

랠리와 그의 동료들이 제안한 습관 형성 이론은 지속 패턴의 핵심 요소인 지속적인 행동 변화를 이해하는 데 중요한 통찰을 준다. 이 이론은 자동화된 행동, 반복과 일관성이라는 핵심 개념을 통해 습관의 형성 과정을 설명한다. 특히 행동 지속 패턴과 관련해 습관 형성 이론은 매우 실용적인 시사점을 제공하며, 일상생활에서 지속 패턴을 향상시키는 데 큰 도움이 된다.

습관 형성 이론에 따르면, 일관된 반복은 행동의 자동화를 유도한다. 자동화된 행동, 즉 습관은 의식적인 노력 없이도 수행될 수 있어 장기적인 행동 지속에 매우 효과적이다.

습관 형성 이론의 또 다른 중요한 시사점은 반복의 일관성이다. 연구에 따르면 가끔씩 습관을 거르는 것이 전체적인 습관 형성 과정을 망치지는 않지만, 일관성 있는 반복이 있어야 습관 형성 속도가 빨라진다. 실제로 한 실험에서 90% 이상의 일관성으로 새로운 행동을 반복한 그룹은 70% 미만의 일관성을 보인 그룹에 비해 25일 더 빨리 습관을 형성했다.

우드와 닐의 연구는 환경이 주는 신호의 중요성을 설명한다. 매일 같은 독서 카페에서 아침 공부를 하는 직장인의 경우, 카페 문을 열 때마다 자연스럽게 책을 펼치게 된다. 장소가 행동을 이끄는 것이다. 이런 연구들은 하나의 분명한 진실을 보여 준다. 습관은 시간과 공간의 일관성 속에서 꽃을 피운다. 매일 같은 시간, 같은 장소에서의 반복은 우리 삶에 새로운 박자를 새긴다. 그리고 이 박자는 점차 우리의 자연스러운 일상이 되어 간다.

일관된 노력이 있어야
좋은 패턴을 만들 수 있다

습관 형성 이론은 행동 지속 패턴을 높이는 데 일관된 반복과 환경의 중요성을 강조한다. 새로운 행동을 꾸준히 반복하고, 가능한 한 같은 시간과 장소에서 수행하며, 높은 일관성을 유지하는 것이 핵심이다. 이런 접근은 의식적인 노력을 최소화하면서도 장기적인 행동 변화를 가능케 한다. 습관 형성 이론의 원리를 일상에 적용한다면 우리는 더 높은 지속 패턴을 갖추고 원하는 변화를 지속적으로 실천할 수 있다. 습관은 우리 삶의 토대를 형성하며, 올바른 습관의 형성은 성공적이고 만족스러운 삶으로 가는 지름길이 될 수 있다.

행동이 지속되는 바람직한 프레임 설정

범이론적 행동 변화 단계 모형

심리학자 카를로 디클레멘트가 제안한 범이론적 행동 변화 단계 모형은 행동 변화의 과정을 이해하는 데 중요한 통찰을 준다. 특히 행동 지속 패턴과 관련해 이 모델은 매우 유용한 시사점을 제공하며, 패턴을 향상시키는 데 중요한 역할을 한다.

행동 변화의 단계 모델은 변화의 복잡한 과정을 이해하고 관리하는 데 큰 도움을 준다. 이 모델을 더 깊이 살펴보면, 각 단계별로 특징적인 사고 패턴과 감정 상태가 있음을 알 수 있다. 날씨의 변화가 계절마다 특징적인 것과 비슷하다.

숙고 전

종종 방어적인 태도와 변화에 대한 저항이 나타난다. 겨울철 동면 중인 동물이 깨어나기를 거부하는 것과 같다. 과도한 스마트폰 사용에 대해 지적받은 사람이 "나는 충분히 조절할 수 있어. 문제 없어"라고 반응하는 경우다. 이 단계에서는 직접적인 충고보다는 공감, 경청과 부드러운 정보 제공 등이 효과적이다. 가령, "스마트폰 사용이 일상에 어떤 영향을 주고 있나요?"와 같은 개방형 질문을 통해 자기성찰을 유도할 수 있다.

숙고

변화에 대한 양가감정이 특징적이다. 봄철에 꽃을 피울지 말지 고민하는 나무와 같다. "운동을 시작하고 싶지만, 시간이 없어" 같은 말을 자주 하는 것이 이 단계의 특징이다. 이때는 변화의 장단점을 객관적으로 분석하도록 돕는 것이 중요하다. 운동의 장단점을 직접 작성하게 하거나, 0부터 10까지의 척도에서 현재 변화에 대한 중요성과 자신감을 평가하게 할 수 있다.

준비

구체적인 계획 수립이 핵심이다. 농부가 어떤 작물을 어떤 방식으로 재배할지 세부 계획을 세우는 것과 같다. 이 단계에서는 앞서 언급한 SMART 목표 설정이 효과적이다. '다음 달부터 3개월간 매주 3회, 30분씩 집 근처 공원에서 조깅을 한다' 같은 구체적인 계획을 세우도록 돕는다.

행동

실제 변화를 실행하면서 다양한 도전과 마주치게 된다. 새싹이 자라면서 바람, 비, 해충 등 여러 장애물을 극복해야 하는 것과 같다. 이 단계에서는 구체적인 문제 해결 전략과 지지 체계가 중요하다. 금연 중인 사람에게 흡연 욕구 대처 전략을 가르치고, 금연 지지 그룹에 참여하도록 권장할 수 있다.

유지

새로운 행동이 자동화될 때는 방심의 위험을 주의해야 한다. 이는 열매를 맺은 나무가 지속적인 관리를 필요로 하는 것과 같다. 이 단계에서는 성취를 축하하고 새로운 정체성을 강화하는 것이 중요하다. 육 개월간 규칙적으로 운동한 사람에게 "당신은 이제 진정한 운동인이군요"라고 말해 주거나, 운동 일지를 통해 그동안의 성장을 시각화해 보여 줄 수 있다.

이 모델은 또한 재발을 변화 과정의 자연스러운 일부로 본다. 나무가 성장 과정에서 일부 가지를 잃었다가 다시 새 가지를 내는 것과 같다. 재발 시에는 죄책감을 유발하기보다는 학습의 기회로 삼도록 격려하는 것이 중요하다. 다이어트 중 과식한 경우 "왜 그런 상황이 발생했는지 이해하고, 앞으로 어떻게 대처할지 생각해 봅시다"라고 접근할 수 있다.

실제 적용에서는 개인의 변화 단계를 정확히 파악하는 것이 중요하다. 이를 위해 '변화 준비도 평가 설문'과 같은 도구를 사용할 수 있다. 또한 한 사람이 여러 행동에 대해 서로 다른 변화 단계에 있을 수 있음을 인식해야 한다. 운동에 대해서는 행동 단계에 있지만, 금연에 대해서는 아직 숙고 전 단계에 있을 수 있다.

이 모델은 개인을 넘어 조직 차원의 변화 관리에도 적용될 수 있다. 기업이 새로운 기술 시스템을 도입할 때, 직원들의 변화 단계를 평가하고 그에 맞는 교육과 지원을 제공할 수 있다. 숙고 전 단계의 직원들에게는 새 시스템의 필요성에 대한 워크숍을, 행동 단계의 직원들에게는 심화 기술 훈련을 제공하는 식이다.

행동 변화의 단계 모델은 변화를 하나의 사건이 아닌 과정으로 바라보게 한다. 인생을 마라톤으로 보는 것과 같다. 빠른 속도보다는 지속적인 성장이 중요하며, 때로는 뒤로 물러서는 것도 궁극적인 목표 달성의 한 과정일 수 있다. 이런 이해를 바탕으로 우리는 자신과 타인의 변화 과정에 더 많은 인내와 지혜를 가지고 접근할 수 있게 된다.

범이론적 행동 변화 단계 모형의 핵심 개념은 행동 변화가 단계적 과정이라는 것이다. 이는 변화가 하룻밤 사이에 일어나는 것이 아니라, 여러 단계를 거쳐 점진적으로 이루어진다는 것을 의미한다.

행동 변화는 결국 배추 모종이 포기 배추가 되어 가는 과정과 같다. 씨앗 심기, 물주기, 거름주기 등 각 단계마다 다른 보살핌이 필요하듯, 우리의 변화도 각 단계에 맞는 적절한 도움이 필요하다. 이것이 바로 성공적인 변화의 열쇠다.

범이론적 행동 변화 단계 모형의 또 다른 중요한 점은 각 단계에 맞는 전략이 필요하다는 것이다. 숙고 전 단계에서는 인식 재고, 숙고 단계에서는 동기 부여, 준비 단계에서는 구체적인 계획 수립이 중요하다. 실행과 유지 단계에서는 지속적인 지지와 재발 방지 전략이 필요하다.

범이론적 행동 변화 단계 모형은 또한 재발이 변화 과정의 자연스러운 일부라는 점을 강조한다. 많은 사람이 유지 단계에서 이전 단계로 돌아가기도 하지만, 이는 실패가 아니라 학습의 기회로 볼 수 있다.

범이론적 행동 변화 단계 모형은 행동 변화와 지속 패턴를 높이는 데 있어 단계적 접근과 맞춤형 전략의 중요성을 강조한다. 우리는 자신의 현재 변화 단계를 정확히 파악하고, 그에 맞는 전략을 적용함으로써 더 효과적으로 행동을 변화시키고 유지할 수도 있다.

또한 재발을 두려워하지 않고 학습의 기회로 삼는 태도가 중요하다. 범이론적 행동 변화 단계 모형의 원리를 일상에 적용한다면, 우리는 더 나은 지속 패턴을 갖추고 원하는 변화를 지속해서 실천할 수 있다. 변화는 여정이며, 각 단계는 여정의 중요한 이정표가 된다.

우리가 행동하는 이유를 탐구하는 현대의 다양한 이론들

의지력 고갈 이론

로이 바우마이스터가 제안한 의지력 고갈 이론에 따르면, 자기 통제력은 마치 근육과 같이 제한된 자원이며, 지속적인 사용으로 인해 일시적으로 고갈될 수 있다. 이것은 행동 지속 패턴과 관련해 매우 중요한 시사점을 갖는다.

바우마이스터의 연구에 따르면 자기 통제력을 요구하는 과제를 수행한 후에는 다른 자기 통제력이 필요한 과제의 수행 능력이 현저히 저하된다. 예를 들어 한 실험에서 참가자들에게 맛있는 쿠키 대신 당근을 먹도록 요구한 후 어려운 퍼즐을 풀게 했을 때, 이들은 쿠키를 자유롭게 먹은 그룹에 비해 퍼즐을 포기하는 데 걸리는 시간이 평균 50% 더 짧았다.

의지력은 스마트폰 배터리와 닮았다. 하루 종일 사용하면 반드시 충전이 필요하다. 바우마이스터 연구팀이 밝혀 낸 의지력 고갈 이론의 핵심은 바로 여기에 있다. 끊임없이 자기 통제를 하다 보면 배터리가 방전되는 것이다. 다행히도 이 배터리는 빠르게 충전할 수 있다. 연구진은 짧은 휴식이나 즐거운 경험이 방전된 의지력을 되살리는 훌륭한 충전기가 된다는 사실을 발견했다. 타일러와 번스의 연구는 특히 명상의 놀라운 효과를 입증했다. 마음챙김 순간이 의지력이라는 에너지를 빠르게 회복시킨다는 것이다. 고요히 호흡에 집중하는 5분이 우리의 통제력을 다시 깨우는 것이다.

결국 의지력의 비결은 강한 압박이 아닌 적절한 쉼에 있다. 강하게 밀어붙인다고 의지가 생기지 않는다. 우리에게 필요한 것은 끊임없는 달리기가 아닌 조화로운 걸음의 리듬이다.

환경 최적화를 통해 의지력 소모를 최소화하는 것도 중요하다. 바우마이스터의 후속 연구에 따르면, 유혹이나 방해 요소가 적은 환경에서는 의지력 고갈이 덜 발생한다. 예를 들어 건강한 식습관을 유지하려는 사람들은 집에 정크푸드를 두지 않는 것만으로도 의지력 소모를 크게 줄일 수 있다.

의지력 고갈 이론은 행동 지속 패턴을 높이는 데 있어 자기 통제력의 한계와 관리의 중요성을 강조한다. 우리는 의지력이 고갈될 수 있음을 인식하고 적절한 휴식과 환경 최적화를 통해 이를 효과적으로 관리할 필요가 있다.

또한 중요한 의사 결정이나 높은 자기 통제력이 필요한 활동은 의지력이 충만한 시간대에 배치하는 것도 효과적이다. 의지력 고갈 이론의 원리를 일상에 적용한다면, 우리는 더 높은 지속 패턴을 갖추고 지속적인 성과를 달성할 수 있을 것이다. 의지력은 분명 제한된 자원이지만, 현명하게 관리하면 우리 삶의 가장 강력한 도구가 될 수 있다.

행동 경제학

행동 경제학은 대니얼 카너먼과 리처드 탈러 등의 연구자들이 발전시킨 분야로, 전통적인 경제학 모델에 심리학적 통찰을 접목해 인간의 실제 행동을 더 정확히 설명하고 예측하려는 학문이다. 이 분야는 휴리스틱, 편향, 넛지 등의 핵심 개념을 통해 우리의 의사 결정과 행동 패턴을 새롭게 이해하게 해 주며, 지속 패턴 향상에도 중요한 시사점을 준다.

앞서 언급한 넛지는 선택 설계를 통해 사람들의 행동을 바람직한 방향으로 유도하는 것으로, 행동 경제학의 핵심 개념 중 하나다. 《넛지》의 저자 리처드 탈러와 캐스 선스타인의 연구에 따르면 적절한 넛지 전략은 강제나 금전적 인센티브 없이도 행동 변화를 끌어낼 수 있다. 예를 들어 한 실험에서 학생 식당의 과일 진열 위치를 눈높이로 옮기는 간단한 변화만으로 과일 소비가 25% 증가했다.

행동 경제학의 또 다른 중요한 개념인 '손실 회피'는 사람들이 이득보다 손실에 더 민감하게 반응한다는 것을 의미한다. 대니얼 카너먼과 아모스 트버스키의 연구에 따르면, 사람들은 동일한 크기의 이득보다 손실을 약 두 배 더 크게 느낀다. 이런 인지적 편향을 활용하면 강력한 동기 부여 효과를 얻을 수 있다.

물 반이 담긴 컵을 두고 누군가는 "반이나 있다"고 하고, 누군가는 "반 밖에 없다"고 말한다. 〈뉴잉글랜드 저널 오브 메디슨〉에 실린 맥닐 연구진의 발견은 이런 표현의 차이가 얼마나 큰 영향을 미치는지를 극적으로 보여 준다. 연구진이 의사들에게 제시한 것은 동일한 수술 결과였다. 단, 표현 방식을 달리했다. 한 그룹에게는 "90%의 환자가 생존합니다", 다른 그룹에게는 "10%의 환자가 사망합니다"라고 전달했다. 결과는 충격적이었다. 수술 성공률이 같음에도 사망률을 강조한 표현은 의사들의 수술 추천 의지를 현저히 낮췄다. 이는 아모스 트버스키와 대니얼 카너먼이 〈사이언스〉에서 제시한 '프레이밍 효과'를 의료 현장에서 입증한 것이다. 같은 사실도 어떻게 표현하느냐에 따라 환자의 치료 결정이 완전히 달라질 수 있다.

결국 현실은 우리가 만드는 프레임 속에서 형태를 갖춘다. 의학이라는 객관적 영역에서조차, 말의 프레임은 전문가들의 판단을 좌우하는 강력한 힘을 발휘한다.

행동 경제학은 우리의 비합리적인 행동 패턴을 이해하고 이를 활용해 지속 패턴을 향상시킬 수 있는 다양한 전략을 제시한다. 환경 설계를 통한 행동 유도, 손실 회피 성향을 활용한 동기 부여, 효과적인 정보 프레이밍 등의 기법을 통해 우리는 더 나은 선택과 원하는 행동을 지속할 수 있다.

행동 경제학의 원리를 일상에 적용한다면, 우리는 더 높은 지속 패턴을 갖추고 장기적인 목표를 달성하는 데 한 걸음 더 가까워질 수 있을 것이다. 우리의 비합리성을 이해하고 받아들이것은 것이 오히려 더 나은 결정과 행동으로 이어질 수 있다는 점에서, 행동 경제학은 자기 개선을 위한 강력한 도구가 될 수 있다.

긍정 심리학

셀리그만과 미하이 칙센트미하이 등이 주도한 심리학의 흐름으로, 인간의 강점과 잠재력에 초점을 맞춘다. 이 분야는 개인의 강점, 웰빙, 몰입 등의 개념을 통해 우리가 어떻게 더 충만하고 의미 있는 삶을 살 수 있는지 탐구하며, 지속 패턴 향상에도 중요한 시사점을 준다.

긍정 심리학의 핵심 개념 중 하나인 강점은 개인이 타고난 재능과 잘 할 수 있는 영역을 의미한다. 강점은 숨겨진 보물 상자와 같다. 셀리그만의 연구는 이 보물 상자를 여는 열쇠를 발견했다. 〈아메리칸 사이콜로지스트〉에 발표된 그의 연구에 따르면, 자신의 강점을 발견하고 적극적으로 활용하는 사람들은 삶에서 더 큰 만족감을 느낀다.

칙센트미하이는 여기서 한걸음 더 나아간다. 그가 발견한 몰입은 시간도 잊은 채 활동에 푹 빠져드는 황홀한 순간이다. 성격과 사회 심리학 저널에 실린 그의 연구는 이런 몰입의 순간이 잦은 사람들이 더 충만한 삶을 산다는 사실을 보여 준다. 일에 집중하는 사람들은 간혹 이런 경험을 하기도 한다.

"업무에 몰입하다 보면 밤새도 피곤함을 느끼지 못해요. 배고픔도 잊을 만큼 완전히 빠져들죠. 이런 경험이 많을수록 일의 만족도가 높아져요."

강점과 몰입은 우리 내면에서 솟아나는 자연스러운 동력이다. 외부의 당근과 채찍이 아닌, 내면의 즐거움이 행동의 원천이 되는 것이다. 셀리그만과 칙센트미하이의 연구는 결국 한 가지 진실을 가리킨다. 행복하고 생산적인 삶의 비밀은 내면의 보물을 발견하고, 그것에 푹 빠져드는 순간들을 만드는 데 있다는 것이다.

긍정 심리학은 또한 '긍정적 감정의 확장-구축 이론'을 통해 긍정적 감정이 우리의 사고와 행동 범위를 넓히고, 장기적으로 개인의 자원을 구축한다고 설명한다. 심리학자 바버라 프레드릭슨의 연구에 따르면, 긍정적 감정을 자주 경험하는 사람들은 더 창의적이고 유연한 사고를 하며, 스트레스 상황에서도 더 빠르게 회복하는 특징을 갖고 있다.

긍정 심리학의 또 다른 중요한 개념인 성장 마인드셋은 우리의 능력이 노력을 통해 발전할 수 있다는 믿음을 말한다. 성장 마인드셋을 가진 사람들은 실패를 학습의 기회로 여기며, 도전적인 과제에 더 잘 대처한다.

드웩은 성장 마인드셋을 가진 학생들이 더 높은 학업 성취도와 과제 지속성을 보인다는 것을 입증했다. 특히 블랙웰과 동료들의 연구는 성장 마인드셋 훈련이 학생들의 학업 성취도와 도전적 과제에 대한 지속성을 유의미하게 향상시킨다는 것을 보여 줬다.

긍정 심리학은 우리의 강점을 활용하고 몰입을 추구하며, 긍정적 감정과 성장 마인드셋을 키움으로써 지속 패턴을 향상시킬 수 있는 다양한 전략을 제시한다. 이런 접근은 단순히 행동의 지속성을 높이는 것을 넘어, 우리의 삶을 더욱 충만하고 의미 있게 만든다.

긍정 심리학의 원리를 일상에 적용한다면 우리는 더 강한 지속 패턴을 갖추고 더 나은 삶을 살아갈 수 있을 것이다. 우리의 강점과 잠재력에 주목하는 것이 오히려 더 나은 결과와 지속적인 성장으로 이어질 수 있다는 점에서 긍정 심리학은 자기 개선과 행복 추구를 위한 강력한 도구가 될 수 있다.

우리는 살면서 긍정적으로 생각하라는 조언을 듣는다. 하지만 왜 긍정적인 마인드셋이 우리의 실행력을 실제로 향상시키는 것일까?

이 질문에 대한 답변은 심리학, 신경 과학, 그리고 실제 생활의 경험에서 찾을 수 있다.

긍정적인 사고는 우리의 동기 부여 시스템을 활성화한다. 목표를 달성할 수 있다고 믿을 때, 우리는 그 목표를 향해 움직이고 싶은 더 강한 욕구를 느낀다. 긍정적인 기대가 도파민 분비를 촉진해 우리에게 동기와 에너지를 제공하기 때문이다. 또한 긍정적인 마인드셋은 스트레스를 감소시킨다. 부정적인 사고가 스트레스 호르몬인 코르티솔의 분비를 증가시키는 반면 긍정적인 마인드셋은 스트레스 수준을 낮추어 더 명확하게 생각하고 효과적으로 행동하게 한다.

긍정적인 마인드셋은 문제 해결 능력도 향상시킨다. 프레드릭슨의 '확장과 수립 이론'에 따르면 긍정적인 감정은 우리의 인지적 자원을 확장시키고 새로운 사고와 행동 패턴을 만들어 낸다. 이는 창의적인 문제 해결과 혁신적인 접근법으로 이어진다. 더불어 긍정적인 사람들은 실패나 좌절을 마주했을 때 더 빠르게 회복하는 경향이 있다. 그들은 실패를 학습의 기회로 보고, 포기하기보다는 새로운 전략을 시도한다. 이런 회복력은 지속적인 실행력의 핵심 요소이다.

긍정적인 태도를 가진 사람들은 주변에 더 강한 지지 네트워크를 구축하는 경향도 있다. 이런 관계는 정보, 자원, 정서적 지원을 제공해 목표 달성에 도움을 준다. 협력과 지원은 실행력을 크게 향상시킬 수 있다. 또한 긍정적인 사고는 자기 효능감, 즉 자신의 능력에 대한 믿음을 강화한다.

마지막으로, 긍정적인 마인드셋은 우리가 기회를 더 잘 인식하고 활용할 수 있게 한다. 부정적인 사람들이 위험과 장애물에 집중하는 반면, 긍정적인 사람들은 가능성과 기회를 찾는다. 이는 더 많은 행동과 진전으로 이어진다.

긍정적인 마인드셋은 단순히 '좋은 기분'을 넘어서는, 우리가 원하는 삶을 만들어 나가기 위해 필요한 에너지를 유지할 수 있는 강력한 도구다. 그것은 우리의 뇌와 신체에 실질적인 변화를 일으켜 더 효과적으로 행동하고, 도전을 극복하며, 목표를 달성할 수 있게 한다. 하지만 중요한 것은 긍정성이 현실성과 균형을 이루어야 한다는 점이다. 맹목적인 낙관주의가 아니라, 도전을 인정하면서도 그것을 극복할 수 있다는 믿음을 갖는 것이 핵심이다.

긍정적 마인드셋을 개발하는 것은 시간과 노력이 필요한 과정이다. 하지만 그 결과로 얻는 향상된 실행력과 삶의 질은 그 노력을 충분히 가치 있게 만든다. 오늘부터 작은 변화를 시작해 보라. 당신의 생각이 바뀌면, 행동이 바뀌고, 결과도 바뀔 것이다.

습관 형성 이론은 행동 지속 패턴을 높이는 데 있어 일관된 반복과 환경의 중요성을 강조한다. 새로운 행동을 꾸준히 반복하고, 가능한 한 같은 시간과 장소에서 수행하며, 높은 일관성을 유지하는 것이 핵심이다.

이런 접근은 의식적인 노력을 최소화하면서도 장기적인 행동 변화를 가능케 한다. 습관 형성 이론의 원리를 일상에 적용한다면 우리는 더 높은 지속 패턴을 갖추고 원하는 변화를 지속적으로 실천할

수 있다. 습관은 우리 삶의 토대를 형성하며, 올바른 습관의 형성은
성공적이고 만족스러운 삶으로 가는 지름길이 된다.

의식적이고 의도적으로 타인의 시선을 수용하는 법

한두 번 무언가를 해낸다고 우리의 인생이 바뀌는 것은 아니다. 내가 원하는 성공을 만들어 내기 위해서는 변화를 지속해야 한다. 지속은 의식적이고 의도적인 반복에서 출발한다. 반복에는 힘이 필요하고, 힘은 스스로 성장하고 있다는 느낌에서 만들어진다. 그래야 소위 '할 맛'이 난다. 헬스장에 한두 번 갔다고 물렁한 팔뚝과 허벅지가 탄탄해지는 것이 아닌 것과 동일하다.

의도적 연습은 단순한 반복이 아닌 목표 지향적이고 체계적인 훈련 방식이다. 나도 모르게 형성해 온 굳은 패턴은 오랜 시간 쌓였기 때문에 규모도 에너지도 상상 그 이상으로 강력하다. 새로운 성공 패턴을 키워 나가는 과정에서 기존의 묵은 패턴이 우리의 성장에 훼

방을 놓는다. 단순 산술적인 계산으로 학창 시절에 생긴 패턴을 바꾸려면 12년의 시간이 필요한 셈이다. 그러나 의도적인 훈련을 통해 시간을 빠르게 앞당길 수 있다.

의도적 연습의 특징은 명확한 목표 설정, 집중적인 노력, 즉각적인 피드백, 지속적인 개선에 있다. 의도적 연습의 중요성은 무작정 시간을 투자하는 것보다 훨씬 빠른 발전을 가능케 한다. 또한 현재 수준을 넘어서는 도전을 통해 지속적인 성장을 이끈다. 명확한 목표를 설정하고 성장을 통해 장기적으로 실행을 유지할 수 있게 한다. 이는 원하는 삶을 이루고 성공하기 위해 꼭 필요한 부분이다.

자극 요소 제거

지속하기 위해서는 먼저 나를 방해하는 자극의 요소부터 제거해야 한다. 우선 나의 실행과 성공의 발목을 잡는 요소가 무엇인지 파악한다. 시간을 갉아먹는 일상의 다양한 요소들을 먼저 정리하고, 자신 없는 부분, 취약한 부분을 어떻게 보완할지 대책을 미리 마련해야 한다. 주변의 도움을 받는 것도 좋다. 그들은 나에게 맞는 경로를 효율적인 방향으로 제안해 줄 수 있고 내가 보지 못하는 부분을 발견해서 말해줄 수도 있다. 앞서 언급했듯 나 자신을 내가 완벽하게 인지하는 것은 불가능한 일이다.

맹목적으로 그냥 지속한다고 우리가 바라는 성공을 쟁취할 수 있는 것은 아니다. 반드시 피드백이 함께 있어야 한다. 피드백을 할 때는 다양한 피드백 소스를 활용할 수 있다.

내가 나를 평가할 수도 있다. 이때 주의할 점은 나는 결국 나이기에 미리 객관적인 기준을 만들어 둘 필요가 있다. 객관적 기준에 따른 자기 분석이 필요하다. 비슷한 수준인 동료와의 상호 피드백, 멘토나 코치로부터의 전문적 피드백이 있을 수 있다. 그러나 간혹 피드백을 감정적으로 받아들이는 때가 있다. 건설적인 피드백은 성장에 귀한 보물이다. 그렇다면 이런 피드백을 감정으로 받아들이지 않고 어떻게 활용하면 좋을지 알아보자.

피드백은 받아들이고 활용할 때
의미가 생긴다

피드백은 나라는 사람 자체가 아닌 나의 행동이나 결과물에 대한 것이다. 모든 피드백은 성장의 기회와 전에 보지 못했던 새로운 관점을 항상 제공한다. 피드백을 받을 때마다 "어떻게 더 나아질 수 있을까?"라고 자문해 보자. 피드백 제공자에게 "개선하기 위한 구체적인 제안이 있나요?"라고 물어보자.

또한 피드백을 받는 것에서 그치지 않고 이를 바탕으로 실제 변화를 만들어 내는 것이 중요하다. 피드백은 우리의 현재 위치를 알려주는 나침반이다. 이를 활용해 더 효과적인 방향으로 나아갈 수 있다. 예를 들어 피아노 레슨 선생님이 "왼손 연습이 더 필요해요"라고 조언했다면, 매일 15분씩 왼손 연습 시간을 따로 배정하는 등의 구체적인 계획을 세워 보는 식이다. 피드백을 바탕으로 새로운 접근 방식을 시도하고, 그 효과를 지속적으로 평가하는 것도 중요하다. 〈하버드 비즈니스 리뷰〉의 연구에 따르면, 정기적으로 피드백을 받고 이를 효과적으로 활용하는 직원들은 그렇지 않은 이들에 비해 업무 성과가 평균 39% 더 높았다. 이는 피드백의 중요성과 그 활용 방법에 대한 이해가 얼마나 중요한지를 잘 보여 준다.

지속적인 개선

지속적인 개선은 일회성 노력이 아닌 끊임없는 과정이다. 자신의 능력이 고정되어 있다고 믿는 사람들보다 노력을 통해 능력을 향상시킬 수 있다고 믿는 사람들이 장기적으로 더 큰 성공을 거둔다. 지속적 성장을 위한 전략으로는 정기적인 자기 평가, 피드백 요청 습관화, 성장 일지 작성, 멘토 찾기, 실험적 태도 유지, 작은 성공 축하하기, 장기적 비전 유지 등이 있다.

피드백의 수용과 활용은 단순한 기술이 아닌 마음가짐의 문제다. 실수나 비판을 두려워하지 않고 솔직한 의견을 나눌 수 있는 정신이 필요하다.

피드백을 받아들이고 이를 바탕으로 지속적인 개선을 이뤄내는 능력은 현대 사회에서 필수적인 역량이다. 이는 단순히 개인의 성과 향상을 넘어, 조직 전체의 혁신과 성장으로 이어질 수 있다. 모든 피드백을 성장의 기회로 받아들이고 이를 바탕으로 끊임없이 자신을 개선해 나가는 습관을 기른다면, 어떤 분야에서도 지속적인 발전을 이룰 수 있을 것이다. 피드백은 두려워할 대상이 아닌 우리를 더 나은 레벨로 이끄는 소중한 선물인 것이다.

피드백을 구체화하라

실천 전략의 첫 번째 단계는 피드백 내용을 구체적인 행동 계획으로 바꾸는 것이다. 피드백 로그를 만들어 주기적으로 검토하고 진행 상황을 추적하는 것도 중요한 전략이다. 구글의 OKR 시스템은 이런 접근법의 효과를 잘 보여 준다. 이 시스템을 도입한 기업들은 평균적으로 목표 달성률이 30% 이상 향상되었다.

건설적 비판을 수용하는 것은 피드백 활용의 핵심이다. 스탠포드 대학교의 성장 마인드셋 연구에 따르면, 비판을 개인적인 공격이 아닌 성장의 기회로 인식하는 사람들이 장기적으로 더 큰 성공을 거둔다.

피드백을 효과적으로 활용하고 지속적인 개선을 이루어내는 것은 현대 사회에서 필수적인 역량이다. 피드백을 구체적인 행동 계획으로 변환하고, 진행 상황을 꾸준히 추적하며, 건설적 비판을 수용하고, 이를 바탕으로 연습 방식을 지속적으로 조정해 나갈 줄 알아야 한다. 이런 접근법은 단순히 개인의 성과 향상을 넘어, 조직 전체의 혁신과 성장으로 이어질 수 있다. 피드백은 두려워할 대상이 아닌, 우리를 더 나은 버전으로 이끄는 힘이다. 이를 적극적으로 활용하는 사람들이 빠르게 변화하는 현대 사회에서 진정한 성공을 거둘 수 있을 것이다.

좋은 멘토는
나를 바라보는 새로운 눈이다

한 대학생 수강생은 항상 뛰어난 아이디어를 갖고 있었지만, 그 아이디어를 실행에 옮기는 데 어려움이 있었다. 어느 날 그의 교수님이 '지역 사회 문제 해결' 프로젝트를 제안해 참여하게 되었다. 프로젝트의 주제는 '노인 고독감 해소'였다. 그는 해결책을 빠르게 떠올렸다. 노인들에게 스마트폰 사용법을 가르쳐 드리기로 한 것이다.

그는 자신의 아이디어에 너무나 확신이 들어 다른 의견은 듣지 않았다. 그러나 프로젝트를 진행하면서 예상치 못한 문제들이 발생했다. 일부 노인들은 스마트폰 사용에 아예 관심이 없었고, 어떤 노인들은 오히려 더 고립감을 느꼈다. 그는 좌절했고, 팀원들과도 갈등이 생기기 시작했다. 이때 지도 교수는 그에게 조언했다.

"한 가지 관점에만 매몰되지 말고 다양한 각도에서 문제를 바라보는 게 어떨까? 노인분들의 이야기도 직접 들어 보고, 다른 해결 방법도 고민해 봐."

그는 자신의 접근 방식을 되돌아보기 시작했다. 복지관을 방문해 노인들과 대화를 나누고, 팀원들의 의견도 경청했다. 그 결과 스마트폰 교육뿐만 아니라 세대 간 대화 프로그램, 취미 활동 지원, 지역 사회 참여 기회 제공 등 다양한 해결책을 발견할 수 있었다.

프로젝트가 끝날 무렵, 그는 자신이 초기 아이디어만 고집했다면 이런 종합적인 해결책을 찾지 못했을 거라는 것을 깨달았다. 다양한 관점에서 문제를 바라보고, 여러 해결책을 시도해 본 것이 프로젝트의 성공 비결이었다고 말이다. 그는 이 경험을 통해 단일한 정답에 매몰되지 않고 다각도로 문제를 바라보는 것의 중요성을 배웠다. 이후 다른 프로젝트에서도 이 교훈을 적용하며, 더 창의적이고 효과적인 해결책을 찾아나갈 수 있게 되었다.

이 수강생의 사례처럼 우리는 고민을 단편적이고 매몰된 관점이 아닌 다양한 시선으로 살펴볼 줄 알아야 한다. 살다 보면 간혹 '이게 정답이다!'라고 단언하는 사람들이 있다. 단편적인 사고의 결과를 정답이라고 단정 짓는 건 위험하다. 생각이 좁아지면 나에게 맞는 솔루션을 테스트해 볼 기회가 사라지기 때문이다. 어떤 과제든 다양한 각도에서 살펴봐야 한다.

좋은 멘토의 눈은
강점을 활용하고 약점을 보완하게 한다

뛰어난 재능을 타고난 선수에게도 감독과 코치가 있다. 우리가 잘 알고 있는 위인들도 모두 멘토가 있었다. 스티브 잡스는 애플의 공동 창립자이자 혁신적인 기술 기업가로 유명하지만, 그의 성공 뒤에는 로버트 노이스의 조언이 있었다. 노이스는 반도체 산업의 선구자이자 인텔의 공동 창립자로, 잡스에게 기술과 비즈니스에 대한 통찰을 줬다. 노이스의 조언과 지지가 없었다면, 잡스는 자신의 비전을 실현하는 데 더 많은 어려움을 겪었을 것이다.

오프라 윈프리는 세계적으로 유명한 방송인, 프로듀서, 자선가이지만, 그녀의 성공 뒤에는 마야 안젤루가 있었다. 안젤루는 오프라에게 어려운 상황에서도 자기 자신을 믿고 긍정적인 마인드를 유지하며 성장할 수 있도록 그녀를 적극적으로 지지했다. 그녀는 안젤루의 지혜와 격려 덕분에 많은 어려움을 극복하고 성공할 수 있었다.

혼자만의 고군분투로는 어렵다. 당신의 고착된 패턴을 하나씩 인지하며 원하는 패턴을 만들고 싶다면, 당신에게도 멘토가 필요하다. 당신의 현재 패턴을 객관적으로 분석하고 그중 변화가 필요한 부분을 찾아내야 한다.

어떤 이들은 '이미 지난 과거를 알아서 뭐해? 새로운 것을 만들면 되지 않아?'라고 생각할 수도 있다. 하지만 우리가 전쟁 중이라고 가정해 보자. 아군인 척 위장해 잠입한 적군을 구별하지 못한다면 전쟁에서 패하는 것은 당연한 수순일 것이다. 알아야 하고, 알아야 개선이 된다.

가장 큰 문제는 나 혼자서는 기존 패턴을 인지하기가 어렵다는 것이다. 이때 필요한 것이 멘토다. 멘토는 나의 적군을 찾는 여정을 도와 줄 것이다. 그리고 당신이 원하는 새로운 패턴을 명확히 정의하고, 그것을 실현하기 위한 구체적인 전략을 세우는 데 도움이 될 것이다. 이 과정에서 당신의 강점을 최대한 활용하고, 약점을 보완하는 방법까지 함께 모색할 것이다.

당신에게는 지속적인 응원과 지지, 피드백을 해 줄 등대 같은 귀인이 필요하다. 멘토의 도움을 통해 당신은 자신을 더 깊이 이해하고 다양한 관점에서 나를 바라볼 수 있을 것이다. 이제 당신이 원하는 새로운 패턴을 함께 삶에 녹일 멘토를 찾기를 바란다. 당신이 원한다면 내가 당신의 멘토가 되어 함께 성장하고 발전하는 삶을 누리고 싶다.

우리는 자신을 이해하기 위해 타인과 비교한다. 그러나 이 과정에서 타인의 삶 전체가 아닌 일부만을 보게 되며, 이는 나에 대한 왜곡된 인식으로 귀결되기도 한다. 타인의 SNS에 게시된 행복한 순간과 나의 삶을 비교해 평가하는 것은 객관적인 자기 인식에 방해가 된다. 또한 부정적 패턴은 우리의 판단력과 인지력을 흐리게 만들어 자신의 문제를 해결하기 더욱 어렵게 한다.

이런 우리의 블라인드 스폿을 극복하기 위해서는 타인의 관점이 필요하다. 신뢰할 수 있는 사람들로부터 정직한 피드백을 요청하고 수용하는 것이 중요하다. 단, 이 과정에서 모든 피드백을 무조건적으로 수용하기보다 다양한 의견을 종합해 균형 잡힌 시각으로 봐야한다.

　나의 패턴을 객관적으로 바라보는 미션은 나의 성장과 발전을 위해 필수적이다. 이 여정 자체가 우리를 더 나은 버전의 삶으로 끌어주는 귀중한 경험이 될 것이다. 나를 인지하는 것은 더 나은 결정을 내리고, 더 건강한 관계를 형성하고 궁극적으로 더 풍요롭고 의미 있는 삶을 살아가는 데 필수적인 요소다.

지금 당장
당신의 인생 패턴을 바꿔라

당신의 손에 들린 이 책은 단순한 종이 뭉치가 아니다. 이는 당신 인생의 변화의 불을 지필 불씨다. 지금 당신은 운명의 갈림길에 서 있다. 한쪽은 과거의 당신이 걸어온 익숙한 길이고, 다른 한쪽은 아직 밟지 못한 새로운 가능성의 길이다. 그리고 모든 것은 당신의 선택에 달려 있다.

인지, 생각, 실행, 복구, 지속의 다섯 단어는 단순한 개념이 아니다. 이는 당신의 DNA를 재구성할 강력한 패턴이다. 이 다섯 가지 패턴은 당신의 모든 세포에 각인될 것이다. 당신의 호흡, 당신의 심장 박동, 당신의 모든 움직임이 패턴을 따라 새롭게 태어날 것이다.

두려운가? 좋다. 그 두려움을 느껴라. 그것은 당신이 살아 있다는 증거다.

설레는가? 더 좋다. 그 설렘이 당신을 앞으로 나아가게 할 것이다.

성공 패턴을 내 것으로 만들기만 한다면
성공을 무한 반복할 수 있다

나 역시 그랬다. 인생을 바꿀 수 있다는 생각조차 못 했던 내가 180만 원짜리 월급쟁이에서 벗어나 새로운 삶을 향해 첫발을 내딛던 그 순간, 나의 온몸은 마치 백만 볼트의 전류가 흐르는 것 같았다. 그 감각을 지금도 생생히 기억한다. 당신도 지금 그 감각을 느끼고 있을 것이다.

이 책의 마지막 페이지를 넘기는 순간, 당신 안의 거인이 깨어날 것이다. 그 거인은 지금껏 당신이 상상해 온 그 어떤 모습보다도 강대하고 현명할 것이다. 그 거인의 첫걸음이 땅을 울리면 그 울림은 당신의 과거를 새로 쓸 것이며, 미래를 재창조할 것이다.

작은 승리에 목말라하라. 그것들을 갈구하라. 하루하루의 작은 성취가 모여 눈덩이처럼 불어나 거대한 성공의 파도가 될 것이다. 그 파도가 당신의 인생을 뒤흔들 것이다. 좋은 의미로, 당신이 꿈꿔 왔던 그 모든 방식으로.

이 여정이 쉬울 거라고 말하지 않겠다. 때론 당신은 피를 흘리고 눈물을 흘릴 것이다. 하지만 기억하라. 그 고통이 당신을 단련시킬 것이다. 그 좌절이 당신을 더 강하게 만들 것이다. 그리고 무엇보다 당신은 결코 혼자가 아니다.

지금 이 순간, 나는 당신과 함께 이 여정을 시작한다. 당신의 승리가 나의 승리다. 당신의 성장이 나의 성장이다. 우리는 이제 하나의 운명 공동체다. 당신이 넘어질 때 내가 일으켜 세우겠다. 당신이 지칠 때 내가 힘이 되어 주겠다. 그러니 주저하지 말고 내게 손을 내밀라. 우리는 함께 이 산을 넘을 것이다.

함께 걸어갈 그날을 기대하며, 당신의 눈부신 성공을 응원한다. 과거의 나와 같은 인생들이 모두 이 책을 통해 과거의 낡은 패턴이 아닌 성공 패턴을 뼛속에 새겨 넣기를 간절히 바라는 마음이다. 앞으로도 과거의 나와 같은 사람들의 인생 변화의 여정에 사명을 갖고 함께 나아갈 것을 약속한다.

자, 이제 행동할 시간이다. 지금 당장, 이 책을 덮는 순간 무엇을 할 것인가? 구체적으로 생각하라. 그리고 그것을 실행하라. 1분 후에, 1시간 후에, 오늘 하루가 끝났을 때, 당신은 어떤 사람이 되어 있을 것인가? 그 모습을 선명하게 그려라. 그리고 그 모습이 되기 위해 지금 당장 행동하라.

성공을 무한 반복하는 5단계 법칙

패턴

© 이유진 2024

인쇄일 2024년 11월 13일
발행일 2024년 11월 20일

지은이 이유진
펴낸이 유경민 노종한
책임편집 정현석
기획편집 유노북스 이현정 조혜진 권혜지 정현석 **유노라이프** 권순범 구혜진 **유노책주** 김세민 이지윤
기획마케팅 1팀 우현권 이상운 **2팀** 이선영 김승혜 최예은
디자인 남다희 홍진기 허정수
기획관리 차은영
펴낸곳 유노콘텐츠그룹 주식회사
법인등록번호 110111-8138128
주소 서울시 마포구 월드컵로20길 5, 4층
전화 02-323-7763 **팩스** 02-323-7764 **이메일** info@uknowbooks.com

ISBN 979-11-7183-067-1 (03190)